Wagner, Peil, Schröder

Trink Dich fit

Wagner, Peil, Schröder

Trink Dich fit

Danken möchten wir an dieser Stelle allen Sportlerinnen und Sportlern, von denen wir lernen durften, sowie den zahlreichen freien Mitarbeiterinnen und Mitarbeitern des Institutes für Sporternährung e.V., Bad Nauheim, die bei der Recherche und Erstellung des Buches aktiv mitgearbeitet haben.

Besonderen Dank gilt den Herren Eugen und Rainer Appel von der VMH Rosbacher Brunnen, Rosbach, ohne deren Unterstützung dieses Buch in der jetzt vorliegenden 2. Auflage nicht möglich gewesen wäre. Ebenso danken wir Herrn Dietrich Baumann von der Marketingberatung Baumann, Blume und Partner, Kronberg, für wertvolle Anregungen.

ISBN: 3-923176-86-4

2. überarbeitete Neuauflage 1997

Umschlaggestaltung: p&d, Offenbach
Illustrationen: Traudel Hagmann
Grafiken: Jutta Grimm
Lektorat: Wolfgang Hertling
Druck: Fuldaer Verlagsanstalt, Fulda

Inhaltsverzeichnis

Trink Dich fit

Der Mensch ist, was er ißt. Wie die Ernährung, so die Leistung... Wenn von gesunder oder leistungssteigernder Ernährung gesprochen und geschrieben wird, ist immer vom Essen die Rede – von Kohlenhydraten, Eiweiß oder Vitaminen. Wenn überhaupt, wird nur am Schluß eines Beitrages noch kurz auf den Wasserhaushalt und das Trinken eingegangen. Dabei verlieren mehr Sportler einen Wettkampf aufgrund eines Wassermangels als wegen irgendeines anderen Ernährungsdefizites.

Bei jedem größeren sportlichen Ereignis, seien es Weltmeisterschaften oder Olympische Spiele, haben die Autoren Athleten gewinnen sehen, die sich unangemessen ernährten. Manchmal konnten sogar übermüdete oder leicht verletzte Athleten den Sieg holen. Aber wahrscheinlich hat noch nie ein Athlet einen Wettkampf gewonnen, der an einem eklatanten Wassermangel litt.

Jede chemische Reaktion im Körper, einschließlich der Energieproduktion, findet im Umfeld von Wasser statt. Wenn das Blut, die Muskeln und andere Organe nicht die optimale Menge Wasser ent- und erhalten, dann sind diese Organe nicht optimal funktionsfähig. Ganz gleich, ob im Beruf oder in der Freizeit, ob beim Spiel oder im Sport.

In kaum einem anderen Teilgebiet der angewandten Ernährungslehre finden sich so viele Fehleinschätzungen und herrscht ein so ausgeprägter Aberglaube wie im Bereich des richtigen Trinkens und der Getränkeauswahl. So ist die Analyse der gegenwärtigen Trinkgewohnheiten und deren Konsequenzen für das Trinkverhalten, sowohl im Freizeit- und Hochleistungssport als auch im beruflichen Alltag, dringender denn je.

„Wer keine Zeit für das Training hat, wird sich Zeit
für Krankheiten nehmen müssen.“
Earl of Derby, 1873

Keine Leistung ohne Energie

Jede Bewegung erfordert die Mobilisierung einer oder mehrerer Muskelgruppen. Damit der Muskel die verlangte Leistung erbringen kann, muß man ihm die entsprechenden Mittel zur Verfügung stellen. Der Brennstoff, den die Muskelzellen zur Leistungserbringung benötigen, ist eine chemische Substanz, das Adenosintriphosphat (ATP).

Leider ist der ATP-Vorrat in der Muskulatur begrenzt, so daß er nur für zwei bis drei Kontraktionen beziehungsweise ein bis zwei Sekunden Arbeitsdauer bei starker muskulärer Belastung ausreicht, zum Beispiel für eine Wurfbewegung. Jede weitere Muskelarbeit erfordert deshalb zunächst die Wiederauffüllung des entleerten ATP-Pools, ansonsten wären weder Sprintbelastungen über zwei Sekunden noch Ausdauerbelastungen über mehrere Stunden möglich. Die Wiederaufladung des ATP-Pools kann durch gespeichertes Kreatinphosphat (KP), gespeicherte Kohlenhydrate (Glykogen), gespeicherte Fette (Triglyceride) und im Ausnahmefall durch Aminosäuren (Eiweißbausteine) erfolgen. Welche Ener-

Brennstoff	**Reserven**	
	in kcal	**in kJ**
Adenosintriphosphat (ATP)	1 – 2	4 – 8
Kreatinphosphat (KP)	3 – 4	12 – 16
Glykogen (Kohlenhydratspeicher)	1.200 – 2.400	5.000 – 10.000
Fett (Triglyceride/ freie Fettsäuren)	50.000	200.000

Abb. 1: Energiereserven des Körpers

giequelle der Organismus für die Wiederauffüllung wählt, hängt in erster Linie von der Belastungsintensität und Belastungsdauer ab.

Die anaerobe Energiegewinnung

Kreatin übernimmt als Kreatinphosphat eine wesentliche Rolle im Energiestoffwechsel. Bei sehr intensiven Belastungen nimmt die Kreatinphosphatkonzentration bereits innerhalb von 2 Minuten auf circa 10 – 20 % des Ausgangswertes ab. Eine Ausdauerbelastung mit 60 – 70 % der maximalen Leistungskapazität senkt die Kreatinphosphatkonzentration auf etwa 40 % des Ausgangswertes.

Im Organismus eines 70 kg schweren Sportlers befinden sich rund 120 g Kreatin. 95 % davon liegen in der Skelettmuskulatur vor. Etwa 2 g Kreatin werden täglich in der Leber, der Bauchspeicheldrüse und in den Nieren aus den Aminosäuren Arginin, Glycin und Methionin gebildet. Die tägliche Aufnahme aus gemischter Kost beträgt durchschnittlich 1 – 2 g. Kreatin befindet sich in tierischen Produkten wie Fleisch und Fisch. In pflanzlichen Lebensmitteln ist Kreatin nur in geringen Mengen enthalten.

Bereits Anfang dieses Jahrhunderts wurden die Auswirkungen einer Kreatinergänzung der Nahrung, sowohl bei Tieren als auch bei Menschen, untersucht. Das Ergebnis: Durch eine gezielte Kreatinergänzung der Nahrung steigt die Kreatinkonzentration in der Muskulatur an.

Energiegewinnung bei sehr kurzen, intensiven Aktivitäten

Bei Belastungen von hoher Intensität und kurzer Dauer, etwa 10 – 20 Sekunden, werden in erster Linie das Kreatinphosphat (KP) und das Adenosintriphosphat (ATP) zur Energiegewinnung herangezogen. Der menschliche Muskel enthält etwa 4 g Kreatinphosphat und 3,5 g Adenosintriphosphat. Sobald diese Energiequellen aufgebraucht sind, ist eine solch intensive Belastung nicht mehr möglich. Die Erholung geschieht jedoch in sehr kurzer Zeit. Nach zwei bis fünf Minuten sind die Kreatinphosphatspeicher wieder aufgefüllt, und die Leistung kann wiederholt werden. Durch Training ist eine Vergrößerung der Kreatinspeicher in geringem Umfang möglich.

Energiegewinnung bei kurzen, intensiven Aktivitäten

Für diese Energiegewinnung stehen dem Organismus grundsätzlich zwei Wege zur Verfügung: Anaerob (ohne Sauerstoff) und aerob (mit Sauerstoff). Die Depotgrößen für diese Energiegewinnung sind durch eine bewußte Speise- und Getränkeauswahl positiv zu beeinflussen.

Die anaerobe Energiegewinnung wird bei intensiver Belastung genutzt und erfolgt ohne Zufuhr von Sauerstoff (anaerob = ohne Sauerstoff). Klassische Disziplinen, bei denen die Energie hauptsächlich anaerob bereitgestellt wird, sind Laufstrecken von 400 – 800 m sowie Schwimmstrekken von 100 – 200 m, also Belastungen, die etwa 45 – 120 Sekunden dauern. Auch im Tennis, Badminton und Squash sowie bei Spielsportarten Fußball, Handball oder Basketball wird, zum Beispiel bei Sprints, die anaerobe Energiegewinnung benötigt.

Ein leistungsbegrenzender Faktor der anaeroben Energiegewinnung ist der Kreatinphosphatgehalt in der Muskulatur. Eine Erhöhung des Kreatingehaltes in der Muskulatur führt zu einer Verbesserung der anaeroben Leistungsfähigkeit, insbesondere im Bereich maximaler Kraft- und Schnelligkeitsleistungen sowie der Kraftausdauerleistung. Zahlreiche aktuelle Studien dokumentieren den leistungsfördernden Effekt einer Kreatinergänzung der Nahrung. So konnte in einer kontrollierten Feldstudie an trainierten Mittelstreckenläufern mit Serien von 3 × 300 m und 4 × 1.000 m bei einer Kreatinergänzung mit 30 g pro Tag über 6 Tage nachgewiesen werden, daß sich die Bestzeiten über 300 und 1.000 m um 0,3 bzw. 2,1 Sekunden verbesserten. Die Gesamtlaufzeiten über 4 × 300 m und 4 × 1.000 m waren um 1,5 bzw. 13,0 Sekunden kürzer, wobei beim jeweils vierten Lauf die Verbesserungen am größten waren. Gleich gute Ergebnisse mit einer Kreatinergänzung über 6 Tage mit jeweils 30 g wurden in einer maximalen Fahrradergometerbelastung von 10 × 6 Sekunden mit 30 Sekunden Pause erzielt. Insbesondere in der vierten bis sechsten Sekunde der jeweiligen maximalen Belastung war eine Leistungsverbesserung gegenüber der Kontrollgruppe ersichtlich. Auch war die übliche Sauerstoffschuld und die Belastung des Säure-Basen-Haushaltes bei solchen Belastungen nach einer Kreatinergänzung sehr viel geringer. Der Laktatspiegel in der Muskulatur stieg nach einer Kreatinkur langsamer an.

Auch beim Freizeitsportler kann eine Erhöhung der Kreatinzufuhr po-

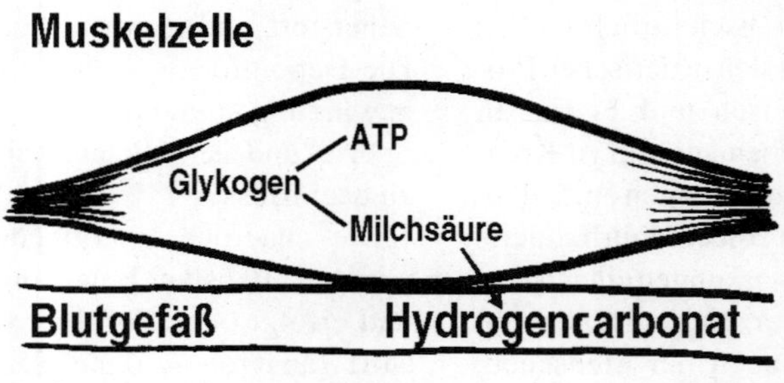

Abb. 2: Hydrogencarbonat hilft dem Muskel, mit zuviel Milchsäure (Laktat) fertigzuwerden, indem es die Entfernung der Milchsäure aus der Muskulatur fördert. Eine Übersäuerung des Muskels kann hierdurch verzögert oder sogar verhindert werden.

sitive Effekte erzielen. So erhöht sich nach einer fünftägigen Kreatinergänzung mit 20 g pro Tag die Maximalleistung um durchschnittlich 8 %.

Kreatinergänzung: Die Dosis macht's

Der Ausschuß für Ernährung des Britischen Olympischen Verbandes ist in Übereinstimmung mit aktuellen wissenschaftlichen Studien zu der Empfehlung gekommen, daß eine kurmäßige Nahrungsergänzung mit 15 – 20 g Kreatin über 5 Tage die Kreatinpools der Muskelzellen entscheidend vergrößert. Eine geringere Zufuhrerhöhung hat hingegen keine meßbare Leistungsverbesserung zur Folge. Zur anschließenden Erhaltung der Kreatinpools sind 2 – 4 g Kreatin über 14 Tage als Nahrungsergänzung in Tablettenform empfehlenswert. Bewährt hat sich eine kurmäßige Anwendung von Kreatin in den Hauptbelastungsphasen des Jahres.

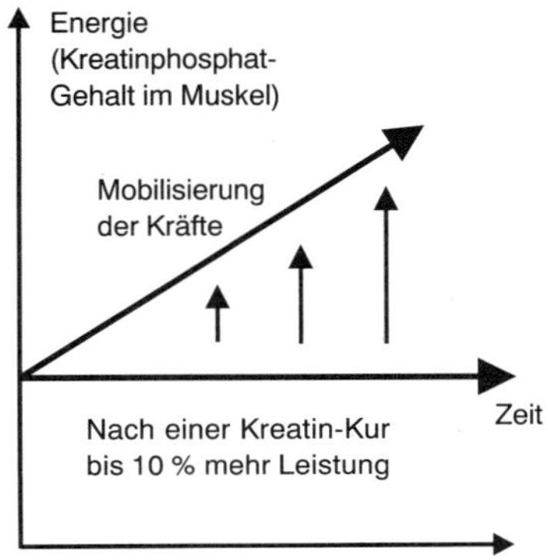

Abb. 3: Kreatinergänzung und Leistungsfähigkeit (nach Harris)

Lebensmittel	mg Kreatin/ 100 g Lebensmittel
Scholle	200
Kabeljau	300
Thunfisch	400
Lachs	450
Hering	650 – 1.000
Rind, Stallhaltung	450
Rind, freilaufend	bis 700
Schwein, Stallhaltung	400

Tab. 1: Kreatingehalt ausgewählter Lebensmittel

Kreatintabletten mit Maltodextrin, beispielsweise Kreatin Energy Plus aus der Apotheke, haben sich wegen der hohen Bioverfügbarkeit und der sehr guten Dosierbarkeit im Sport bewährt.

Grundsätzlich sollte während einer Kreatinkur wenig Coffein aufgenommen werden.

Ein weiterer leistungsbegrenzender Faktor der anaeroben Energiegewinnung können die Kohlenhydrate, also Glucose, oder ihre Speicherform, das Glykogen, sein. Glykogen kann ohne Mitwirken von Sauerstoff, daher anaerob, mit hoher Geschwindigkeit zu Milchsäure (= Laktat) abgebaut werden.

Diese Art der Energieproduktion, die wohl von Natur aus primär für die Überlebensreaktionen Kampf oder Flucht bestimmt war, ist im biochemischen Sinne unkompliziert und schnell und ermöglicht einen hohen Muskeleinsatz. Begrenzt wird dieser Energiegewinnungsprozeß allerdings durch die Anhäufung von Milchsäure (Laktat) im Muskel. Milchsäure macht den Muskel sauer, behindert so den Ablauf der chemischen Reaktionen für die Muskelkontraktion und wirkt über diesen Weg leistungsbegrenzend. Je höher der Laktat- oder Milchsäuregehalt der Muskelzelle ist, desto früher tritt das Arbeitsende durch Übersäuerung ein.

Je saurer der Muskel, desto früher macht er schlapp.

Wegen ihrer laktatbildenden Reaktion wird diese Energiegewinnung in der Sportmedizin häufig als anaerob laktazide Form bezeichnet.

Die bei der anaeroben Energiegewinnung anfallende Milchsäure kann in bestimmten Mengen von Puffersubstanzen im Blut neutralisiert und aus dem Muskel entfernt werden. Das für diese Reaktion mitbenötigte Puffersystem im Blut besteht aus Phosphaten, Eiweißkörpern und Hydrogencarbonat, wobei dem Hydrogencarbonat die Hauptaufgabe zufällt.

Mit einer zeitlichen Verzögerung von etwa zwei Minuten kann die vom Hydrogencarbonat abgepufferte Milchsäure zur Leber, zum Herzen, zu

Lebensmittel	g KH/100 g	Portion in g	g KH/Portion
Nudeln	72	50	38
Kartoffeln	18	200	36
Milchzucker	100	2 EL	30
Milchreis	22	125	28
Müsli-Mischung	55	50	28
Popcorn	68	40	27
Bananen	21	125	26
Vollkornhaferflocken	63	40	25
Cornflakes	80	30	24
Trockenobst	70	35	23
Naturreis	73	30	22
Roggenmischbrot	46	45	21
Weizenschrotbrot	45	45	20
Müsli-Riegel	48	25	12
Obst, frisch (durchschn.)	10	100	10
Butterkeks	75	5	4

Tab. 2: Hitparade kohlenhydratreicher Lebensmittel (KH = Kohlenhydrate)

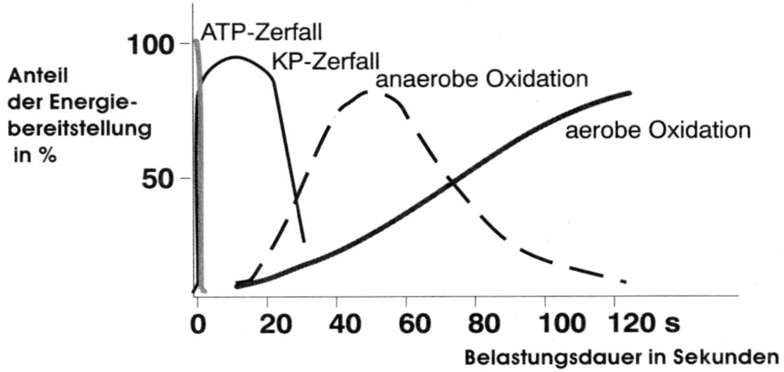

Abb. 4: Anteil der Energiebereitstellung in % bei unterschiedlicher Belastungsdauer

den Nieren und zur unbeanspruchten Muskulatur transportiert werden. Die Leber ist dabei in der Lage, aus der Milchsäure wieder Glykogen aufzubauen, das dann wieder als Energiequelle genutzt werden kann. Der Herzmuskel kann die Milchsäure sogar direkt als Energiequelle nutzen.

Eine ausreichende Zufuhr von Hydrogencarbonat kann somit die Leistungsfähigkeit verbessern, indem es die anfallende Milchsäure in größerem Umfang aus dem Muskel entfernt. Hierdurch wird das Stoffwechselmilieu (pH-Wert) innerhalb der Muskelzelle im optimalen Bereich gehalten und somit eine reibungslose Enzymfunktion und Energieproduktion ermöglicht.

Die aerobe Energiegewinnung

Für die aerobe Energiegewinnung wird mit dem Atem aufgenommener und vom Blutkreislauf zum Muskel transportierter Sauerstoff benötigt. Der eingeatmete Sauerstoff ist dabei der „Zündstoff", der die Energiegewinnung möglich macht.

Diese Energiegewinnung wird besonders bei Aktivitäten von mehr als zwei Minuten benötigt. Kohlenhydrate, Fette und in Ausnahmefällen Aminosäuren werden unter Mitwirkung von Sauerstoff in den Kraftwerken der Zellen, den Mitochondrien, in einem aufwendigen, langsamen Arbeitsgang zu Wasser und Kohlendioxid verbrannt. Vorteile dieser Energiegewinnung sind große Energieausbeute und unproblematische Endprodukte. Wasser wird über die Harnwege oder die Haut ausgeschieden, Kohlendioxid über die Lunge abgeatmet.

Die Menge der in Form von Glykogen gespeicherten Kohlenhydrate kann durch eine abgestimmte Ernährung positiv beeinflußt werden. Die Speicherkapazität von Glykogen beträgt bei Untrainierten 375 – 450 g in den Muskeln und 75 – 150 g in der Leber. Durch Training in Verbindung mit einer kohlenhydratreichen Ernährung können die Glykogendepots auf über 600 g erhöht werden.

Unter intensiver sportlicher Betätigung reicht das Muskelglykogen zur Bereitstellung der Energie bis zu 90 Minuten aus. Das Leberglykogen reicht zum Ausgleich des Blutzukkerspiegels bis zu 3 Stunden.

Während die Glykogenvorräte in Muskel und Leber auch bei einer bedarfsgerechten Ernährung nur in begrenzter Menge zur Verfügung stehen, sind die Depotfette selbst bei schlanken Sportlern nahezu unbegrenzt vorhanden und ermöglichen extreme Ausdauerleistungen. Allerdings kommt die Fettverbrennung langsam in Gang. Erst 15 – 30 Minuten nach Belastungsbeginn werden Fette verbrannt. Zusätzlich wird für die Fettverbrennung auch mehr Sauerstoff benötigt. Außerdem sind für die Fettverbrennung immer geringe Mengen an Kohlenhydraten notwendig, denn die Fette verbrennen in der Flamme der Kohlenhydrate.

Sauerstoff – eine leistungslimitierende Größe

Bei sportlichen Tätigkeiten unter maximaler oder intensiver Belastung ist die Sauerstoffzufuhr häufig die leistungslimitierende Größe. Deshalb ist die Größe der Glykogendepots insbesondere bei Ausdauer- und Spielsportarten sowie bei intervallartiger Wettkampfs- und Trainingsbelastung von entscheidender Bedeutung. Pro Liter eingeatmeten Sauerstoffs kann aus Glykogen mehr Energie gewon-

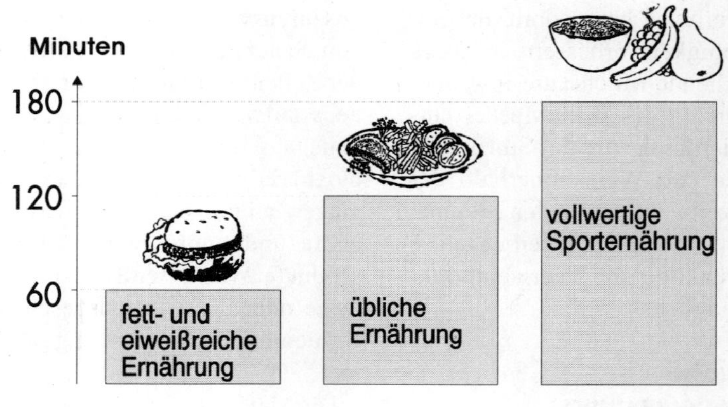

Abb. 5: Maximale Ausdauerleistung bei ausgewählten Kostformen

nen werden als aus Fett oder Aminosäuren. Aus Glykogen können 5,05 kcal, aus Protein lediglich 4,5 kcal und aus Fett 4,65 kcal Energie pro Liter Sauerstoff gewonnen werden. Auch die Geschwindigkeit, in der die Energie für die sportliche Leistung zur Verfügung gestellt werden kann, ist bei Glykogen höher als bei Fett oder Aminosäuren. Die energetische Fließrate von Fettsäuren beträgt 0,24 μmol ATP pro g/Sekunde, die von Glykogen 0,5 μmol ATP pro g/ Sekunde.

Bei Ausdauerbelastungen, zum Beispiel beim Marathonlauf, werden auch Aminosäuren (Eiweißbausteine) zur Energiegewinnung herangezogen. Eiweißsubstanzen wie die Aminosäuren sind eigentlich nicht für den Betriebsstoffwechsel gedacht, sondern sind in erster Linie Bausteine für Muskeleiweiß, Binde-/Stützgewebe, Enzyme, biologische Membranen und Immunkörper. Dauernder Eiweißverbrauch durch Übertraining oder zu häufige Extrembelastungen fordern langfristig ihren Tribut: Vorzeitigen Verschleiß, erhöhte Verletzungsanfälligkeit, erhöhte Gefahr von Infektionen. Ein guter Schutz ist ein effektives Training in Verbindung mit einer kohlenhydratreichen Ernährung. Denn je besser der Trainingszustand und je größer die Kohlenhydratdepots, um so geringer der Anteil der Aminosäuren am Energiestoffwechsel.

In der Praxis entscheidet sich die Muskulatur nicht grundsätzlich für die eine oder andere Energieform, sondern es kommt, insbesondere im Ausdauerbereich, je nach Belastungsintensität und -dauer zu Mischverbrennungen.

Sportart	Belastung	bevorzugte Energie-gewinnung
800 m-Lauf	Warm-up	Muskelglykogen
	Training	anaerobe Glykolyse
	Wettkampf	ATP/KP
Autorennen	Konzentration	Muskel- und Leberglykogen
	Schnellkraft	ATP/KP
Badminton	Antritt	ATP/KP
	Koordination	Muskel- und Leberglykogen
	Konzentration	anaerobe Glykolyse
	Kondition	
100 m-Lauf	Sprint	ATP/KP
	Training	anaerobe Glykolyse
1500 m-Lauf	Ausdauer	anaerobe und aerobe
	Warm-up	Glykolyse, Glykogen
Fußball	Sprint	ATP/KP
	Koordination	anaerobe Glykolyse
	Konzentration	Muskel- und Leberglykogen
	Kondition	Fett
Handball	Sprint	ATP/KP
	Wurf und Sprung	Muskel- und Leberglykogen
	Ausdauer	anaerobe Glykolyse
Hochsprung	Sprung	ATP/KP
	Sprint	
Jogging	Ausdauer	anaerobe Glykolyse
		Muskel-und Leberglykogen
		Fett
Kunstturnen	Koordination	Muskel- und Leberglykogen
	Konzentration	anaerobe Glykolyse
	Schnellkraft	ATP/KP
	Kraft	
Marathon	Ausdauer	anaerobe Glykolyse
		Muskel- und Leberglykogen
		Fett, Eiweiß
Radrennen	Sprint	ATP/KP
	Ausdauer	anaerobe Glykolyse
		Muskel- und Leberglykogen
		Fett, Eiweiß

Tab. 3: Die Belastungsart bestimmt den Brennstoff

Sportart	Belastung	bevorzugte Energiegewinnung
Rudern	Sprint	ATP/KP
	Kondition	anaerobe Glykolyse
		Muskel- und Leberglykogen
		Fett
Schwimmen	Sprint	ATP/KP
	Koordination	Muskel- und Leberglykogen
	Kraftausdauer	aerobe Glykolyse
	Ausdauer	anaerobe Glykolyse
Ski-Alpin	Halte- und	ATP/KP
	Schnellkraft	anaerobe Glykolyse
	Koordination	Muskel- und Leberglykogen
	Konzentration	
	Kondition	
Skilanglauf	Ausdauer	anaerobe Glykolyse
		Muskel- und Leberglykogen
		Fett
Squash	Sprint	ATP/KP
	Koordination	Muskel- und Leberglykogen
	Konzentration	anaerobe Glykolyse
Tennis	Sprint	ATP/KP
	Koordination	Muskel- und Leberglykogen
	Konzentration	aerobe Glykolyse
	Ausdauer	anaerobe Glykolyse
Triathlon	Ausdauer	aerobe Glykolyse
	Koordination	Muskel-und Leberglykogen
		Fett, Eiweiß
400 m-Lauf	Training	ATP/KP, Glykogen
	Wettkampf	anaerobe Glykolyse
Volleyball	Sprint	ATP/KP
	Sprung	anaerobe Glykolyse
	Koordination	Muskel- und Leberglykogen
200 m-Lauf	Warm-up	Glykogen
	Training	anaerobe Glykolyse
	Sprint	ATP / KP

Tab. 3: Die Belastungsart bestimmt den Brennstoff

„Das Ganze ist mehr als die Summe seiner Teile"
Anonymus

Mineralstoffe – die Zündkerzen

Mineralstoffe sind entscheidend an der Energiegewinnung beteiligt. Sie sind die Zündkerzen der Bio-Maschine Mensch und so wichtig wie das tägliche Brot. Bis heute sind über 20 Mineralstoffe bekannt, die der Mensch regelmäßig aufnehmen muß, um seine Gesundheit und Leistungsfähigkeit aufrechtzuerhalten.

Bei körperlicher Anstrengung werden Mineralstoffe mit dem Schweiß ausgeschieden. Unausgeglichene Mineralstoffverluste setzen die Leistung herab. Ein Mangel kann zu allgemeiner körperlicher Schwäche und Abgeschlagenheit führen; schwere Erscheinungen sind zum Beispiel Muskelschwäche bei Kaliummangel und Muskelkrämpfe bei Magnesiummangel.

Bei den üblichen Eß- und Trinkgewohnheiten mit wenig Zeit für das Essen, unregelmäßiger Nahrungsaufnahme, zu vielen Süßigkeiten sowie zu viel Fett und Alkohol sind Mineralstoff- und insbesondere ein Spurenelementemangel nicht selten. Ein Mineralstoff- und Spurenelementemangel macht sich zuerst bei Belastungssituationen bemerkbar. Er wird daher früher und häufiger beim sporttreibenden Menschen beobachtet als beim Nichtsportler.

Wer Körper und Seele in Schwung halten will, ist auf eine ausreichende Zufuhr an Mineralstoffen und Spurenelementen angewiesen. Mineralstoffe und Spurenelemente sind so wichtig wie die Vitamine. Eine vielseitige und ausgewogene Ernährung mit einem hohen Anteil an Getreide- und Vollkornprodukten, frischem Gemüse und Obst, fettarmer Milch und Milchfrischprodukten, etwas Fleisch und Fisch helfen dabei. Ganz entscheidend ist das richtige und ausreichende Trinken. Eine sehr gute Quelle für Mineralstoffe und Spurenelemente kann natürliches Mineralwasser sein, wenn es aus einer mineralstoffreichen Quelle stammt. Diese Mineralwässer enthalten lebensnotwendige Mineralstoffe und Spurenelemente in natürlicher Zusammensetzung.

Mineralstoffe im Überblick

Mineralstoff	Hauptfunktion	Vorkommen	Mangel*	Überschuß
Natrium Na	Regulation des Wasserhaushalts, beteiligt an der Aufnahme von Kohlenhydraten und Aminosäuren, Muskelkontraktion, Enzymaktivator	Fleisch-und Wurstwaren, Hartkäse, Dosengemüse, Räucherfisch, Mineral- und Heilwässer	niedriger Blutdruck, Apathie, Muskelkrämpfe, Ödeme	Übererregbarkeit der Muskulatur
Chlor Cl	ist zusammen mit Natrium für die Wasserbilanz (osmot. Druck) zuständig; Bestandteil der Magensäure und damit für die Verdauung wichtig	stets zusammen mit Natrium und Kalium	Verlust von Magensäure, Durchfall, in extremen Fällen Wachstumsstörungen	Acidose
Kalium K	Regulation des Wasserhaushalts, Enzymaktivator	Hülsen- und Trockenfrüchte, Gemüse- und Obstsäfte, Hefeprodukte, Mineral- und Heilwässer	Muskelschwäche, Krämpfe, Herzrhythmusstörungen, Schwindel	Herzrhythmusstörung, Störungen der Muskel-, Nerven-, Herz und Kreislauffunktion
Magnesium Mg	Erregungsleitung von Muskeln und Nerven, Muskelkontraktion, Enzymbestandteil, Aufbau von Knochen und Sehnen	Hefe, Getreide, Nüsse, Fleisch, Grüngemüse, Mineral- und Heilwässer	Muskelschwäche, Herzrhythmusstörungen, Schwindel, Krämpfe	mit üblicher Ernährung keine toxischen Erscheinungen bekannt

* Das Auftreten eines Symptoms läßt noch nicht die Diagnose einer Mangelerscheinung zu. Es gibt mehrere Ursachen, die zu denselben Symptomen führen. Mineralstoffmangelerscheinungen können nur durch Blut- und Gewebeuntersuchungen festgestellt werden.

Tab. 4: Übersicht über Mineralstoffe und Spurenelemente in der Ernährung

Mineralstoff	Hauptfunktion	Vorkommen	Mangel*	Überschuß
Calcium Ca	Stützfunktion im Skelett, Bildung von Knochen- und Zahnsubstanz, Blutgerinnung, Muskelkontraktion	Milch, Milchprodukte, Gemüse, Mineral- und Heilwässer	Osteoporose (Minderung des Knochengewebes, erhöhte Knochenbrüchigkeit)	„Kalkgicht" (Verkalkung von Lunge, Niere und Unterhautgewebe), Nierenstörungen, Harnsteine
Phosphor P	Energiegewinnung, Bestandteil energiereicher Verbindungen, Knochenbestandteil	Wurst, Fleisch, Milch, Milchprodukte, Fisch	Rachitis, Osteomalazie, Knochenerweichung	Hyperaktivität, Übererregbarkeit
Schwefel S	Bestandteil von Zelleiweiß, aktiviert Enzyme, Energiestoffwechsel, unterstützt Entgiftungsfunktionen	Fleisch, Fisch, Milch und Milchprodukte, Nüsse, Hülsenfrüchte, einige Heil-u. Mineralwässer	nicht bekannt	nicht bekannt
Jod J	Bestandteil der Schilddrüsenhormone, Muskelaufbau, Kohlenhydrat- und Fettstoffwechsel	Meeresprodukte wie Fisch und Muscheln, Milch und Milchprodukte, Jodsalz	Kropf, Schwachsinn (Kretinismus), verminderter Energiestoffwechsel	Schilddrüsenüberfunktion
Eisen Fe	Sauerstoffverwertung, Blutkörperchenbildung und Energiestoffwechsel	Fleisch, Spinat, Milch, Milchprodukte, nicht enteisente Mineral- und Heilwässer	allgemeine Abgeschlagenheit, Motivationsmangel, Trainingsunlust, erhöhte Infektanfälligligkeit	Gewebeschäden, Leberzirrhose, Diabetes mellitus, Herzinsuffizienz

* Das Auftreten eines Symptoms läßt noch nicht die Diagnose einer Mangelerscheinung zu. Es gibt mehrere Ursachen, die zu denselben Symptomen führen. Mineralstoffmangelerscheinungen können nur durch Blut- und Gewebeuntersuchungen festgestellt werden.

Tab. 4: Übersicht über Mineralstoffe und Spurenelemente in der Ernährung

Mineralstoff	Hauptfunktion	Vorkommen	Mangel*	Überschuß
Zink Zn	hat eine wichtige Funktion bei der Wundheilung und für das Wachstum	Fleisch, Vollgetreide, Gemüse	Wachstumsdepression, verminderte Wundheilung, Infektanfälligkeit	mit üblicher Ernährung keine toxischen Erscheinungen bekannt
Mangan Mn	Eiweiß- und Energiestoffwechsel	Nüsse, Wurzeln Vollgetreide, Hülsenfrüchte, Tee, Mineral- und Heilwässer	nicht bekannt	mit üblicher Ernährung keine toxischen Erscheinungen bisher bekannt
Kupfer Cu	gemeinsam mit Eisen für die Aktivierung wichtiger Enzyme notwendig, für die Blutkörperbildung; beteiligt am Knochenaufbau, Aufrechterhaltung des Nervensystems	Innereien, Fisch, Nüsse, Schalentiere, Buchweizen	Anämie, Störungen der Knochenbildung	Schädigung von Gehirn, Leber und Nieren
Selen Se	Antioxidans, Radikalfänger, Schutzfunktion für Zellwände	Fisch, Fleisch, Innereien, Mineral- und Heilwässer	Wachstumsstörungen, Hämolyse	Leberzirrhose, Haarausfall, Herzmuskelschwäche
Silicium Si	notwendig für die Bildung von Knochen, Knorpel und Bindegewebe	vor allem in pflanzlichen Lebensmitteln und Bier, Mineral- und Heilwässer	nicht bekannt	Berufskrankheit Silicose

* Das Auftreten eines Symptoms läßt noch nicht die Diagnose einer Mangelerscheinung zu. Es gibt mehrere Ursachen, die zu denselben Symptomen führen. Mineralstoffmangelerscheinungen können nur durch Blut- und Gewebeuntersuchungen festgestellt werden.

Tab. 4: Übersicht über Mineralstoffe und Spurenelemente in der Ernährung

Mineralstoff	Hauptfunktion	Vorkommen	Mangel*	Überschuß
Zinn Sn	beteiligt am Muskelaufbau und Energiestoffwechsel, unterstützt Wundheilung	in geringen Mengen in fast allen Lebensmitteln, Mineral- und Heilwässer	nicht bekannt	Wachstumsstillstand, Anämie
Kobalt Co	Bestandteil von Vitamin B_{12}, beteiligt an der Bildung roter Blutkörperchen	in nahezu allen Lebensmitteln	Anämie	Appetitlosigkeit, Gewichtsverlust
Molybdän Mo	Bestandteil von Enzymen, beteiligt am Elektronenübertragungsprozeß	in pflanzlichen Lebensmitteln, Mineral- und Heilwässer	nicht bekannt	nicht bekannt
Fluor F	Zahnschmelzbildung	Meerestiere, Schwarztee, Mineral- und Heilwässer	nicht bekannt	Flecken und Verfärbungen im Zahnschmelz
Chrom Cr	Kohlenhydratstoffwechsel	Hefeprodukte, Kalbsleber, Weizenkeime, Honig	Gewichtsverlust, verminderte Glucosetoleranz	mit üblicher Ernährung keine tox. Erscheinungen bekannt
Nickel Ni	Stabilisierung der Nucleinsäure	Vollgetreide, Gemüse	weniger rote Blutkörperchen, verminderte Aktivität verschiedener Enzyme	nicht bekannt
Vanadium V	hoher Gehalt in Zähnen, mögliche Rolle bei Knochen- und Zahnbildung	in geringen Mengen in vielen Lebensmitteln, Mineral- und Heilwässer	nicht bekannt	nicht bekannt

* Das Auftreten eines Symptoms läßt noch nicht die Diagnose einer Mangelerscheinung zu. Es gibt mehrere Ursachen, die zu denselben Symptomen führen. Mineralstoffmangelerscheinungen können nur durch Blut- und Gewebeuntersuchungen festgestellt werden.

Tab. 4: Übersicht über Mineralstoffe und Spurenelemente in der Ernährung

Kalium – das Sportmineral für die Regeneration

Der Gehalt an Kalium im menschlichen Körper beträgt ca. 140 g. Es ist somit in etwas größerer Menge als Natrium und Chlorid im Organismus vorhanden. Kalium befindet sich zu 98 % innerhalb der Zellen.

Kalium sorgt im Zusammenspiel mit Natrium dafür, daß die Flüssigkeitsverteilung im Körper aufrecht erhalten wird. Weiterhin wird Kalium für jede Kontraktion der Muskeln benötigt. Nur wenn genügend Kalium vorhanden ist, lassen sich die Muskeln an- und entspannen. Das gilt ebenso für den Herzmuskel.

Für Sportler besonders wichtig: Nur bei einer ausreichenden Kaliumzufuhr können die Kohlenhydratspeicher des Organismus, die Glykogendepots, gefüllt werden. Pro Gramm gespeicherter Energie in Form von Kohlenhydraten werden 19,5 mg Kalium benötigt.

Von allen Mineralstoffen benötigt der Organismus von Kalium die größte Menge, 3 – 4 g pro Tag. Aktive Sportler benötigen 5 g und mehr pro Tag.

Bei einer Unterversorgung kann es zu Muskelerschlaffung, Blutdrucksenkung, Kreislaufschwäche, Darmträgheit, Appetitlosigkeit bis hin zu Herz-Muskel-Schäden und Störungen der Nierentätigkeiten kommen.

Mit der in Deutschland üblichen Ernährung werden pro 1000 kcal 0,8 – 1,5 g Kalium aufgenommen. Gute Lebensmittelquellen für Kalium sind Obst und Gemüse, vor allem Kartoffeln, Hülsenfrüchte, Getreide, Nüsse und Milchprodukte, Frucht- und Gemüsesäfte sowie kaliumreiches Mineralwasser.

Bei einer bewußten Lebensmittel- und Getränkeauswahl ist für den Freizeit- und Leistungssportler die Einnahme von speziellen Kalium-Präparaten nicht notwendig.

● Tip: Kalium wird leicht durch Kochen aus Gemüse ausgewaschen. Deshalb das Gemüse lieber in wenig Wasser dünsten, Schnellkochtöpfe verwenden oder das Kochwasser mitverwenden.

Magnesium – hilft nicht nur gegen Muskelkrämpfe

Der Magnesiumgehalt des Körpers beträgt ca. 20 g. Ungefähr die Hälfte des Magnesiums ist im Knochengerüst eingelagert, die andere Hälfte liegt zum größten Teil in den Zellen vor.

Magnesium hat eine wichtige Funktion im Eiweiß- und Kohlenhydratstoffwechsel. Es aktiviert viele Enzyme und ist an Energiestoffwechsel und Muskelfunktionen beteiligt.

Der Magnesiumbedarf ist bei körperlich anstrengender Tätigkeit, in der Schwangerschaft, beim Stillen und bei calcium-, phosphor- und eiweißreicher Ernährung sowie bei hohem Alkoholgenuß erhöht. Auch Schweißverluste beim Sport vergrößern den Magnesiumbedarf.

Die Zufuhrempfehlung für Magnesium pro Tag liegt bei ca. 350 mg unter Normalbedingungen und bei ca. 750 mg unter Extrembedingungen.

Mit der durchschnittlichen Ernährung werden in Deutschland täglich 250 – 400 mg Magnesium aufgenommen. Wichtige Magnesiumlieferanten sind Vollkornprodukte, Nüsse Weizenkeime, Hefeprodukte, Hülsenfrüchte, Kartoffeln und grünes Gemüse sowie Beerenfrüchte, Bananen, Milch und Milchfrischprodukte, Fisch und magnesiumreiches Mineralwasser. Eine bewußte Auswahl magnesiumreicher Lebensmittel und Getränke sichert die Grundversorgung an Magnesium.

Infolge des veränderten Nahrungsmittelangebotes und der Anbaumethoden mit intensiver Düngung scheint heute Magnesiummangel häufiger aufzutreten als noch vor 40 – 50 Jahren.

Auch wenn ein Magnesiummangel nicht der alleinige Auslöser für Bluthochdruck ist, können sich bei einer Unterversorgung mit Magnesium die Gefäße verengen und so Bluthochdruck entstehen lassen.

Die Folgen eines Magnesiummangels können Unruhe, Zittern, Herzjagen und Herzkrämpfe sein. Außerdem können vermehrt Übelkeit, Magenkrämpfe, Atemnot, Wadenkrämpfe, Kribbeln in den Händen und Füßen auftreten. Nacken- und Kopfschmerzen, die häufig als Wirbelsäulenleiden interpretiert werden, können auch bei einer unzureichenden Magnesiumzufuhr vermehrt auftreten. Bei einer unzureichenden Magnesiumzufuhr wird der Sportler anfälliger für Muskelverletzungen. Unter Belastung kann es zu Herzrhythmusstörungen kommen.

Auch die Trainingseffekte beim Sportler sind bei einer Magnesiumzufuhr, die unter dem Optimum liegt, geringer. So konnte Prof. Liesen bei einer Fußballmannschaft zeigen, daß nur die Spieler nach einem fünfwöchigen Trainingslager eine verbesserte Leistung aufwiesen, deren Magnesiumkonzentrationen im Blutserum im Normalbereich lagen. Spieler mit einer Magnesiumkonzentration unter dem Normalbereich konnten durch das Trainingslager keine Leistungssteigerung erreichen.

Die langfristige Einnahme von hochdosierten Magnesiumpräparaten über einen längeren Zeitraum ist ohne ärztliche Kontrolle auch bei kritischer Bedarfsdeckung von Magnesium nicht empfehlenswert. Denn wird die Magnesiumaufnahme durch Präparate stark erhöht, kann sich die Calciumaufnahme drastisch verschlechtern. Calcium und Magnesium werden über dieselben Transporter vom Darm in das Blut befördert. Wird die Magnesiumzufuhr einseitig erhöht, wird entsprechend weniger Calcium aus den Lebensmitteln und Getränken verwertet und aufgenommen, denn die Zahl der Transporter erhöht sich nicht automatisch. Eine einseitige langfristige Erhöhung der Magnesiumzufuhr mittels Präparaten kann also das Risiko einer Calciumunterversorgung erhöhen. Nicht so bei Lebensmitteln oder Mineralwässern, die ein Calcium-Magnesium-Verhältnis von 2:1 aufweisen. Mit einem derartigen Mineralwasser werden beide Sportmineralien in einem sinnvollen Verhältnis zueinander geliefert. Sowohl Magnesiumdefizite als auch Mineralstoffdysbalancen können hierdurch vermieden werden.

Natrium – der unterschätzte Mineralstoff

Rund 105 g Natrium enthält der menschliche Körper. Etwa ein Drittel davon ist in den Knochen als Reserve eingelagert, die anderen zwei Drittel befinden sich inner- und außerhalb der Körperzellen, insbesondere im Blut.

Der Natriumbedarf beim Sportler richtet sich nach den Schweißverlusten. Für den Nichtsportler wird der Bedarf an Natrium mit 2 – 3 g pro Tag angegeben. Unter Extrembedingungen kann der Natriumbedarf auf 15 g pro Tag ansteigen.

Natrium ist an der Regulation des Wasserhaushaltes, des Säure-Basen-Gleichgewichtes und der Nerven- und

Mineral- und Heilwässer	Calcium (mg/l)	Magnesium (mg/l)	Calcium-Magnesium-Verhältnis
Apollinaris	94	115	0,8:1
Gerolsteiner	364	112	3,2:1
Hassia	209	38	5,5:1
Heppinger	116	165	0,7:1
Rosbacher Mineralw.	209	93	2,2:1
Rosbacher Ur-Quelle	262	131	2,0:1
Selters (Lahn)	156	42	3,7:1
Vittel	202	36	5,6:1
Volvic	10	6	1,7:1

Tab. 5: Calcium-Magnesium-Verhältnis ausgewählter Mineral- und Heilwässer

Muskelerregbarkeit beteiligt. Zusätzlich unterstützt Natrium die Aufnahme von Kohlenhydraten und die Aufnahme von Aminosäuren, den Eiweißbausteinen des Körpers.

Heute wird die tägliche Zufuhr von Kochsalz auf rund 12 g (4,8 g Natrium) veranschlagt. Eine Mehrzufuhr geht über die Nierenausscheidung verloren.

Eine zu geringe Natriumkonzentration im Organismus, zum Beispiel durch anhaltend hohe Schweißverluste, Durchfälle sowie eine Ernährung mit insgesamt zu wenig Natrium führt zu einer verschlechterten Wasserbindung im Organismus. Der Körper entwässert, was zusätzlich den Verlust anderer Mineralstoffe wie Magnesium oder Kalium bewirkt. Bei einem Natriummangel kann es zu gestörten Nieren- und Muskelfunktionen, Muskelkrämpfen, Schwäche- und Schwindelgefühlen kommen. Eine zu geringe Natriumzufuhr kann zudem den Cholesterinspiegel im Blut erhöhen. Ein zu hoher Cholesterinspiegel im Blut ist ein Risikofaktor für die Entstehung von Arteriosklerose und Herzinfarkt.

Gelegentlich wird vor dem angeblich hohen Natriumgehalt in Mineralwässern gewarnt. Diese Warnung ist irreführend. In Mineralwässern liegt Natrium oft nicht als Kochsalz vor, sondern ist insbesondere an andere Mineralstoffe oder an Hydrogencarbonat gebunden. In Trinkkuren über 4 – 6 Wochen mit hydrogencarbonatreichen Mineralwässern konnte ein erhöhter Blutdruck gesenkt werden.

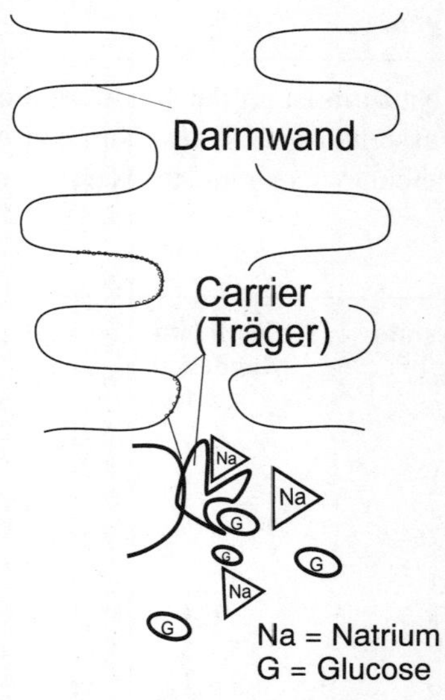

Abb. 6: Schematische Darstellung des Trägermechanismus für die Aufnahme von Glucose aus dem Darmlumen.

Natrium sorgt für Nachschub

Auch direkt während einer intensiven sportlichen Aktion ist Natrium sehr wichtig. Die wertvollen Energielieferanten Kohlenhydrate werden zusammen mit Natrium durch die Darmwand geschleust und so vom Organismus für sportliche Leistung genutzt.

Natrium und Bluthochdruck

Aus Furcht vor Bluthochdruck wird propagiert, die Kochsalzzufuhr zu senken. Gesunde Menschen haben jedoch häufig keine Kochsalzempfindlichkeit und können durch eine ausgewogene Kochsalzzufuhr keine „essentielle" Hypertonie auslösen. Zur Auslösung dieser Krankheit bedarf es immer eines genetischen Defektes. Neuere Untersuchungen haben gezeigt, daß nur rund 20 % der an Bluthochdruck Leidenden kochsalzempfindlich sind. Die Frage der Kochsalzsensibilität muß immer individuell sehr sorgfältig mit dem Hausarzt hinsichtlich der Nierenfunktionen abgeklärt werden. Außerdem ist zu bedenken, daß, zumindest in Regionen mit funktionierender medizinischer Versorgung wie hier in Deutschland, fast jeder Hypertonie-Patient mit Diuretika behandelt wird, durch die Natrium und eine entsprechende Menge an Flüssigkeit aus dem Organismus ausgeschleust werden. Die Folge ist in der Regel neben dem Verlust an anderen Mineralstoffen und Spurenelementen ein Flüssigkeits- und Natriumverlust, der sich durch Antriebsschwäche und Müdigkeit bemerkbar machen kann.

Hypotone Kreislaufregulationsstörungen lassen sich häufig über eine gezielte Zufuhr von Natrium in Verbindung mit einer entsprechenden Flüssigkeitsmenge langfristig besser behandeln als durch die in Deutschland so beliebten Sympathotonika.

Natrium – im Alter besonders wichtig

Selten wird ein Natrium- und Wassermangel als Ursache von Erkrankungen im Alter richtig erkannt. Das Wissen um diese Zusammenhänge ist noch zu wenig verbreitet. Dabei wurde in aktuellen medizinischen Reihenuntersuchungen bei fast jedem fünften Deutschen, der älter als 65 Jahre ist, eine Unterversorgung festgestellt. Deshalb warnen heute immer mehr Gerontologen (Altersforscher) vor natriumarmen Lebensmitteln.

Calcium – nicht nur für die Knochen

Zu den Hauptaufgaben des Calciums gehört der Aufbau und die Festigung der Knochenstruktur. Dafür ist ungefähr 1 kg Calcium notwendig. Rund 1 % des Körpercalciums wird zusätzlich in gelöster Form für viele spezifische Funktionen bei der Nervenleitung, der Muskelkontraktion und der Blutgerinnung benötigt. Da diese Funktionen des Calciums für die Lebensfähigkeit wichtiger sind als die reine Stützfunktion des Knochens, greift der Körper im Calciummangel seine Reserve, also den Knochen, an. Bei einer langanhaltenden Calciumunterversorgung kann es deshalb zu Osteoporose (Knochenbrüchigkeit) kommen.

Als wünschenswerte Zufuhr wird eine Menge von 800 – 1200 mg Calcium pro Tag empfohlen.

Die übliche Calciumaufnahme in Deutschland entspricht nicht den Empfehlungen. So nehmen, nach den Daten der Nationalen Verzehrstudie, 80 % der Senioren weniger als 800 mg Calcium pro Tag auf.

Die vom Organismus verwertbare Menge des aufgenommenen Calciums ist von vielen Faktoren abhängig. Die Calciumaufnahme im Darm ist vermindert bei Vitamin-D-Mangel, hohem Ballaststoffgehalt, hohem Phytingehalt, hohem Oxalsäuregehalt, zum Beispiel in Spinat, Rhabarber oder Schwarztee. Erhöht ist die Aufnahme von Calcium bei einer gleichzeitigen Zufuhr von Milchzucker.

Calcium aus Mineralwasser wird gut vom Körper aufgenommen, da es in gelöster Form vorliegt. Neben dem Absolutgehalt an Calcium im Mineralwasser ist das Calcium-Natrium-Verhältnis mitentscheidend. Ein sehr hoher Natriumgehalt verschlechtert die Verfügbarkeit von Calcium. Je günstiger das Calcium-Natrium-Verhältnis, desto höher die Bioverfügbarkeit des im Mineralwasser enthaltenen Calciums. Das Verhältnis Calcium:Natrium sollte möglichst 10:1 betragen, wenn dem Calciumgehalt im Mineralwasser eine besondere Bedeutung zukommt.

● Tip: Mineralwässer mit einem Calcium-Natrium-Verhältnis von 10:1 lassen sich auch sehr gut beim Kochen einsetzen.

Eine langfristig zu hohe Zufuhr von Calcium, die über Lebensmittel sehr selten erreicht wird, kann eine „Verkalkung" der Nieren zur Folge haben. Als Vorstadium dieser Erkrankung

Mineral- und Heilwässer	**Calcium (mg/l)**	**Natrium (mg/l)**	**Calcium-Natrium-Verhältnis**
Contrex	471	7,5	63 : 1
Evian	80	5,6	14 : 1
Römerquelle	171	15,0	11 : 1
Perrier	140	14,0	10 : 1
Rosbacher Gloria Quelle	90	9,0	10 : 1
Rosbacher Ur-Quelle	226	40,0	5 : 1
Gerolsteiner	363	128,0	3 : 1
St. Gero Heilwasser	407	174,0	2 : 1
Rhenser Mineralbrunnen	118	80,0	1,5 : 1
Fachinger	122	560,0	1 : 5
Brohler Mineralwasser	90	600,0	1 : 7
Heppinger	115	856,0	1 : 7

Tab. 6: Calcium-Natrium-Verhältnis ausgewählter Mineral- und Heilwässer

treten oft Nieren- und Harnsteine auf. Sie bestehen zumeist aus Calciumoxalat oder Calciumphosphat. Das Risiko von Nieren- und Harnsteinbildung kann durch Trinken großer Flüssigkeitsmengen verringert werden.

Osteoporose – mögliche Folge eines Calcium- und Bewegungsmangels

Allein in Westdeutschland leiden vier bis sechs Millionen Menschen an Osteoporose. Knochenschwund, wie Osteoporose auch genannt wird, ist die Diagnose, die heute bei Frauen während oder nach den Wechseljahren am häufigsten gestellt wird. Geschätzt wird, daß jährlich 150.000 Knochenbrüche, und damit ein Kostenvolumen im Gesundheitswesen von ca. 2 Milliarden DM, durch Osteoporose verursacht werden.

Wesentlich für die Verhütung von Osteoporose ist eine ausreichende Calciumaufnahme in der Phase des Knochenaufbaus. Zwischen dem 25. und 35. Lebensjahr wird die „peak bone mass", die höchste Knochendichte und größte Knochenmasse, erreicht. Danach verliert der Knochen jedes Jahr etwa 1 % seiner Masse. Daher ist verständlich: Je mehr Knochenmasse in der Jugend aufgebaut wird, desto geringer ist das Risiko eines Knochenbruches beziehungsweise desto länger kann das Risiko eines Knochenbruches hinausgezögert werden. Da die erreichte maximale Knochendichte einer der wichtigsten Einflußfaktoren für die Entstehung einer Osteoporose ist, muß die Prophylaxe schon in der Jugend mit einem optimalen Angebot an Nahrungscalcium beginnen.

Selbstverständlich ist auch nach dem 35. Lebensjahr auf eine ausreichende Calciumzufuhr zu achten.

Liegt eine Osteoporose vor, so sollte die Zufuhr auf 1200 – 1500 mg Calcium pro Tag erhöht werden.

Strenge Vegetarier sowie Personen, die auf Milch und Milchprodukte verzichten, erreichen nur sehr selten die täglich empfohlenen Zufuhrmengen an Calcium. Für diesen Personenkreis kann es sehr sinnvoll sein, im Austausch gegen üblichen Zucker die Speisen und Getränke mit dem Kohlenhydrat Milchzucker aufzuwerten. Normalerweise können nur 20 – 40 % des Calciums in der Nahrung vom Körper aufgenommen werden. Milchzucker verbessert die Verwertbarkeit von Calcium aus Speisen und Getränken.

Phosphor – mehr ist nicht besser

Der Gehalt an Phosphor im menschlichen Körper beträgt etwa 700 g. Davon sind rund 600 g im Knochensystem fest an Calcium gebunden. 60 g befinden sich in den Muskeln, der Rest im Gehirn, in den inneren Organen und im Blut.

Bei allen energieerzeugenden Reaktionen ist Phosphor beziehungsweise Phosphat beteiligt. Ohne Phosphor wäre die Entwicklung des Lebens, die Evolution, undenkbar.

Die empfohlene Phosphoraufnahme des Menschen beträgt rund 1,0 – 1,2 g pro Tag.

Die Phosphor-Aufnahme ist in den letzten 20 – 30 Jahren stark angestiegen, von rund 1,5 g auf über 2 – 3 g pro Tag.

Diese hohe Phosphor-Zufuhr kann die Calciumaufnahme behindern und beansprucht zusätzlich Pufferkapazitäten des Blutes. Eine Überlastung des Puffersystems wird mit der Entstehung von Gefäßerkrankungen in Zusammenhang gebracht. So konnte in einem Tierversuch dargestellt werden, daß bei einer langfristigen phosphat- und säurereichen Ernährung, die das Puffersystem be- und im Extremfall überlastet, bei sämtlichen Tieren erhöhte Fett- und Cholesterinspiegel auftraten und die Lebensdauer stark verkürzt war.

Durch einen hohen Phosphatüberschuß in der Ernährung wird die Produktion des Parathormones gefördert, das vermehrt Calcium aus den Knochen freisetzt und dadurch die Entstehung von Osteoporose fördern kann.

Wichtig für die Bewertung des Phosphathaushaltes ist die Calcium-Zufuhr beziehungsweise das Calcium-Phosphat-Verhältnis. Dieses Verhältnis beträgt in den Knochen 1,6:1. Mit der heute immer üblicher werdenden Fast-Food-Ernährung beträgt das Verhältnis in der Aufnahme lediglich 0,3:1 oder gar 0,2:1. Es sollte jedoch in der Nahrung idealerweise ein Verhältnis von 1:1 – 0,8:1 nicht unterschreiten.

Ein ernährungsbedingter Phosphormangel ist nicht bekannt.

Schwefel – Baustein der Proteine

Mit einem Gehalt von 175 g im Körper zählt Schwefel zu den wichtigen Baustoffen im menschlichen Organismus. Die Hauptmenge ist in der Haut, den Muskeln und den inneren Organen eingelagert, und zwar als Bestandteil wichtiger Aminosäuren, den Eiweißbausteinen.

Mit einer täglichen Eiweißzufuhr von 60 – 90 g nehmen wir automatisch ca. 1,0 – 1,5 g Schwefel auf.

Schwefelmangel ist beim Menschen noch nicht beobachtet worden.

In Mineralwässern liegt Schwefel häufig als Sulfat vor. Sulfat wird vom Organismus nicht aufgenommen und kann somit im Darm seine verdauungsfördernde Wirkung entfalten. Das Trinken von sulfatreichen Mineralwässern ist ein natürlicher Weg zur Verbesserung der Verdauung.

»Schwer ist es, aus dem Geschrei erhitzter Parteien die Wahrheit zu unterscheiden.«
Schiller

Spurenelemente – vieles liegt im Dunkeln

Vermutlich üben im Organismus auch solche Elemente eine biologische Funktion aus, von denen bisher noch niemand den Nachweis für deren Lebensnotwendigkeit erbringen konnte. Dazu gehören zum Beispiel die Elemente Barium, Bor, Germanium, Lithium, Nickel, Rubidium, Silicium, Vanadium und Zinn. Sie alle sind in jedem Menschen enthalten, doch weiß zur Zeit noch niemand weshalb und wozu. Denn das Wissen um die lebensnotwendigen Spurenelemente ist mit Ausnahme von Eisen und Jod noch keine 100 Jahre alt.

Spurenelemente sind im Prinzip nur eine Untergruppe der Mineralstoffe. Ihre Anwesenheit im menschlichen und tierischen Organismus konnte früher nur qualitativ, nicht aber mengenmäßig nachgewiesen werden. Daher die Bezeichnung Spurenelemente: Elemente, die nur in Spuren nachweisbar waren.

Jod – Mangel auch beim Freizeitsportler

Der Körpervorrat an Jod beträgt nur 10 – 30 mg. Es ist zu über 99 % in der Schilddrüse gespeichert. Dort wird es zur Produktion der Schilddrüsenhormone benötigt. Alle Bestandteile der Schilddrüsenhormone können vom Organismus selbst hergestellt werden, mit einer Ausnahme: Jod. Es muß regelmäßig mit den Speisen und Getränken in ausreichender Menge aufgenommen werden.

Statt der empfohlenen 200 μg Jod pro Tag werden in Deutschland im Durchschnitt gerade 60 μg Jod mit unverarbeiteten Lebensmitteln, unter Berücksichtigung der durchschnittlich verwendeten Menge von jodiertem Speisesalz insgesamt ca. 100 μg Jod, aufgenommen. Mit jedem Liter Schweiß werden etwa 10 μg Jod ausgeschieden. Damit können allein über den Schweiß 10 – 30 % der durchschnittlich aufgenommenen Jodmenge wieder verloren gehen.

Bei Erwachsenen zeigt sich ein Jod- und Hormonmangel darin, daß viele Funktionen langsamer und träger werden: geistige und körperliche Fähigkeiten lassen schneller und stärker nach. Die Haut kann trocken und schuppig werden, man neigt zu Frieren und zu Infekten. Langfristig führt ein Jodmangel zu einer Vergrößerung der Schilddrüse, die als Struma oder Kropf bezeichnet wird. Eine vergrößerte Schilddrüse kann die Luftröhre, die Speiseröhre und die Halsschlagader einengen.

Eine ausreichende Jodzufuhr könnte langfristig einer großen Zahl von potentiellen Schilddrüsenpatienten viel Leid und eine wesentliche Beeinträchtigung ihrer Lebensqualität ersparen. Derzeit werden allein in den alten Bundesländern jährlich etwa 88.000 Patienten wegen eines Kropfes operiert. Damit ist in Deutschland die Kropfoperation der vierthäufigste chirurgische Eingriff. Die Deutschen stehen in bezug auf die Zahl der Kropfoperationen pro 1.000 Einwohnern weltweit an der Spitze. Die Kosten für Diagnostik und Therapie von Schilddrüsenerkrankungen und für

	Stadt	Wert
1.	Schleswig	86
2.	Lübeck	61
3.	Rostock	71
4.	Stralsund	76
5.	Heide	43
6.	Neumünster	57
7.	Schwerin	51
8.	Greifswald	33
9.	Wilhelmshaven	47
10.	Bremen	61
11.	Lüneburg	92
12.	Osnabrück	76
13.	Bielefeld	61
14.	Braunschweig	64
15.	Magdeburg	66
16.	Berlin	118
17.	Cottbus	81
18.	Mönchen-Gladbach	67
19.	Dortmund	89
20.	Kassel	57
21.	Erfurt	66
22.	Dresden	44
23.	Aachen	66
24.	Bonn	61
25.	Trier	73
26.	Offenbach	67
27.	Neunkirchen (Saarl.)	79
28.	Mannheim	59
29.	Bayreuth/Hof	59
30.	Stuttgart	82
31.	Regensburg	94
32.	Passau	79
33.	Emmendingen	80
34.	Konstanz	48
35.	Ulm	74
36.	Kempten	66
	Durchschnitt	66
	Mindest-Sollwert	100

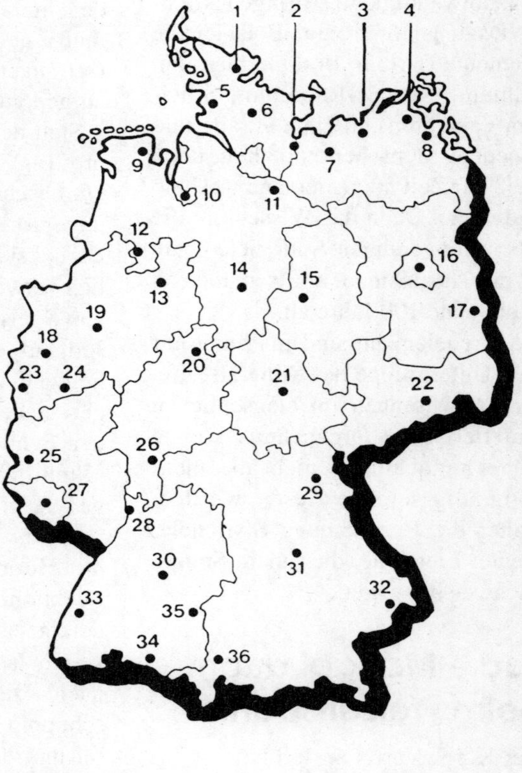

Abb. 7: Jodversorgung in Deutschland
Quelle: R. Gutekunst, 1992

Lohnfortzahlungen dürften derzeit in Deutschland pro Jahr 2 Milliarden DM betragen.

Die meisten Lebensmittel sind jodarm

Im Verlauf der geologischen Entwicklung, speziell in der letzten Eiszeit vor etwa 10.000 Jahren, wurde in Europa Jod weitgehend aus den Böden ausgeschwemmt und mit Bächen und Flüssen ins Meer transportiert. Die landwirtschaftlich zur Nahrungsproduktion genutzten Flächen enthalten deshalb nicht genügend Jod, während es in den Weltmeeren in relativ hoher Konzentration vorkommt. Die Mehrzahl der Lebensmittel, die von Landwirtschaft und Gartenbau erzeugt werden, sind hingegen jodarm. Praktische Bedeutung als Jodlieferanten haben Seefische, Milch (in Abhängigkeit von der Fütterung der Tiere) und Jodsalz sowie mit Jodsalz hergestellte Backwaren, Wurstwaren und andere Lebensmittel sowie einige Mineral- und Heilwässer.

Empfehlungen für die Jodzufuhr

Die Deutsche Gesellschaft für Ernährung (DGE) e.V. gibt folgende Empfehlungen zur Jodzufuhr:

Altersgruppe	Jodzufuhr in μg/Tag
Säuglinge	
0 bis unter 4 Monate	50
4 bis unter 12 Monate	80
Kinder	
1 bis unter 4 Jahre	100
4 bis unter 7 Jahre	120
7 bis unter 10 Jahre	140
10 bis unter 13 Jahre	180
13 bis unter 15 Jahre	200
Jugendliche und Erwachsene	
15 bis unter 51 Jahre	200
ab 51 Jahre	180
Schwangere	230
Stillende	260

Nur bei dieser empfohlenen Jodzufuhr sind gesundheitliche Folgeschäden des Jodmangels sicher zu vermeiden. Besonders ausgeprägt ist die unzureichende Jodversorgung bei gestillten Säuglingen und bei Jugendlichen, Schwangeren und Stillenden. Auch Personengruppen mit besonderem Ernährungsverhalten, zum Beispiel Vegetarier oder Patienten, die aufgrund einer Allergie Lebensmittel wie Milch, Milchprodukte oder Fisch meiden müssen, haben ein erhöhtes Risiko.

Eisen
– für mehr Sauerstoff

Im Körper befinden sich ca. 5 g Eisen, davon sind ca 75 % in Form von Hämoglobin mit den roten Blutkörperchen verbunden. Etwa 20 % sind in den Körperdepots, in denen Eisen vor allem als Ferritin vorliegt.

Eisen ist entscheidend am Aufbau des roten Blutfarbstoffes Hämoglobin und des Muskelfarbstoffes Myoglobin beteiligt. Es ist Baustein zahlreicher Enzyme, die durch sportliche Tätigkeit vermehrt benötigt werden. So wird Sauerstoff an Eisen gebunden in den roten Blutkörperchen zu den Körperzellen transportiert.

Die Deutsche Gesellschaft für Ernährung (DGE) e.V. empfiehlt:

Altersgruppe	**Eisenzufuhr in mg/Tag** m	w
Säuglinge		
0 bis unter 4 Monate	6	6
4 bis unter 12 Monate	8	8
Kinder		
1 bis unter 4 Jahre	8	8
4 bis unter 7 Jahre	8	8
7 bis unter 10 Jahre	10	10
10 bis unter 13 Jahre	12	15
13 bis unter 15 Jahre	12	15
Jugendliche und Erwachsene		
15 bis unter 19 Jahre	12	15
19 bis unter 51 Jahre	10	15
über 51 Jahre	10	10
Schwangere		30
Stillende		20

Empfehlungen für die Eisenzufuhr

Im gebärfähigen Alter ist die Frau in zweierlei Hinsicht auf eine erhöhte Eisenzufuhr angewiesen. Einmal bringen die monatlichen Menstruationsblutungen einen durchschnittlichen Eisenverlust von 15 – 30 mg mit sich. Sowohl dieser Verlust als auch der erhöhte Bedarf während der Schwangerschaft für das heranwachsende Kind sind mit einer bedarfsgerechten Ernährung abzudecken.

Bereits mit einem Liter Schweiß werden etwa 0,5 – 1,0 mg Eisen ausgeschieden. Somit geht unmittelbar ein Teil des mit der Nahrung zugeführten Eisens über den Schweiß verloren.

Bei ausgeglichener Eisenbilanz wird bei der in Deutschland üblichen Kost 10 % des in den Lebensmitteln enthaltenen Eisens vom Körper aufgenommen. Bei Eisenmangel nimmt die Aufnahmequote zu, weil offensichtlich der Organismus über ein System verfügt, das die Ausnutzung des in der Nahrung vorhandenen Eisens dem Bedarf des Organismus anpaßt. Im Eisenmangel kann die Aufnahmequote auf 30 – 40 % des Nahrungsangebotes ansteigen.

Die Folgen eines Eisenmangels können Schwäche, Müdigkeit, Kurzatmigkeit bei Anstrengungen und verminderte Erholungsfähigkeit des Herz-Kreislauf-Systems sein.

Reich an Eisen sind Fleisch und Fisch, deren Eisengehalt zudem besonders gut ausgenutzt wird. Auch einige pflanzliche Lebensmittel enthalten viel Eisen, jedoch ist dieses vom Körper nicht so gut verwertbar. Durch die zeitnahe Aufnahme von Vitamin C-reichen Speisen und Getränken wie Orangen-, Apfelsaft- oder Sport-Schorle kann die Eisenverwertung aus pflanzlichen Lebensmitteln deutlich angehoben werden. Schwarzer Tee sollte hingegen zu den Hauptmahlzeiten gemieden werden, da die enthaltene Gerbsäure die Eisenaufnahme verringert.

Den handelsüblichen Sportgetränken dürfen entsprechend dem deutschen Lebensmittelgesetz keine Spurenelemente wie zum Beispiel Eisen zugesetzt werden. Auch die meisten Mineralwässer enthalten kein Eisen. Der von der Natur mitgegebene Bestandteil wird bei vielen Mineralwässern vor dem Abfüllen aus optischen und geschmacklichen Gründen entfernt. Dieser Eingriff in die Natur muß auf dem Etikett mit dem Begriff „enteisent“ angegeben werden. Nur noch wenige Mineralwässer enthalten das von der Natur mitgegebene Eisen in der ursprünglichen Konzentration. Bei diesen Mineralwässern ist der Begriff „enteisent“ nicht auf dem Etikett zu finden.

Selen – als Antioxidans zu neuem Ruhm

Der Körperbestand an Selen beträgt 10 – 15 mg. Selen wird in Fachkreisen seit einiger Zeit größere Beachtung geschenkt. Es spielt eine wichtige Rolle als Antioxidans. Selen kann die negativen Wirkungen der freien Radikale beziehungsweise die Lipidperoxidation verhindern. Daneben gilt Selen als krebsverhütend.

Der Schätzwert der DGE für die empfohlene tägliche Selenzufuhr beträgt 20 – 100 μg.

Genau wie Jod ist Selen in den mitteleuropäischen Binnenländern und Alpenregionen häufig in unzureichenden Mengen im Erdreich enthalten. Deshalb schwankt die Selenzufuhr mit der Nahrung je nach Selengehalt der Böden.

Bei einer Vielzahl von Krebspatienten und Menschen mit verschiedenen Infektionen wurde ein zu niedriger Selengehalt im Organismus festgestellt. Zudem scheint ein Selenmangel auch die Entstehung von Bluthochdruck zu fördern. In selenarmen Gegenden treten 3 – 4 mal mehr Herzinfarkte auf als in den selenreichen Gegenden.

Welche Selenmenge in der menschlichen Ernährung unter bestimmten Bedingungen optimal ist, konnte bis heute nicht geklärt werden. Neben der Art der Selenverbindungen und der Selenmenge spielen Wechselwirkungen mit anderen Nahrungsbestandteilen wie dem Vitamin A bzw. ß-Carotin, Vitamin E, Fettsäuren und anderen Spurenelementen eine Rolle. Vor nicht kontrollierter Einnahme von

Selenpräparaten muß trotz positiver Wirkungen des Selens gewarnt werden. In Tierversuchen konnten hohe Selendosen sowohl das Wachstum von Krebskarzinomen hemmen als auch fördern.

Wie gering die Kenntnisse über Selen sind, zeigt auch das Vorgehen in Finnland. Seit 1984 wird dort der auf die Felder ausgebrachte Dünger mit Selen angereichert. Dies sollte zu einer Verdopplung der Selenzufuhr der erwachsenen Person im Laufe der folgenden 20 Jahren führen. Tatsächlich stieg jedoch der Selengehalt in den Lebensmitteln in einem Zeitraum von drei Jahren so stark an, daß die tägliche Selenzufuhr verdreifacht war.

Zink – nicht nur für die Wundheilung

Der Körperbestand an Zink beträgt 1,3 – 2,0 g, wobei die einzelnen Organe und Gewebe einen unterschiedlichen Zinkgehalt aufweisen.

Zink wird bei psychischem und körperlichem Streß, wie er in jeder Wettkampfphase vorkommt, in größeren Mengen über den Urin ausgeschieden. Eine Folge kann ein geschwächtes Immunsystem sein. Auch schlecht heilende Wunden, Knochenbrüchigkeit, Appetitmangel, fehlende Geschmacksempfindung oder weiße Flecken in den Fingernägeln können Zeichen eines Zinkmangels sein.

Im Stoffwechsel erfüllt Zink eine Vielzahl von Funktionen als wichtiger Bestandteil von Enzymen, so bei der Insulinspeicherung und im Immunsystem.

Zu den zinkreichen Lebensmitteln gehören Innereien, Muskelfleisch, Milchprodukte, verschiedene Fischarten und besonders Schalentiere. Bei der Be- und Verarbeitung von Lebensmitteln können hohe Zink-Verluste auftreten, etwa bei Vermahlen des Getreides zu Weißmehl.

Die Kenntnisse des Zinkbedarfs sind für alle Altersstufen unsicher. Die nachfolgenden Empfehlungen der Deutschen Gesellschaft für Ernährung e.V. enthalten daher relativ große Sicherheitszuschläge:

Für Zink werden von der DGE folgende Mengen empfohlen:

Altersgruppe	Zinkzufuhr in mg/Tag m	w
Säuglinge		
0 bis unter 4 Monate	5	5
4 bis unter 12 Monate	5	5
Kinder		
1 bis unter 4 Jahre	7	7
4 bis unter 7 Jahre	10	10
7 bis unter 10 Jahre	11	11
10 bis unter 13 Jahre	12	12
13 bis unter 15 Jahre	15	12
Jugendliche und Erwachsene		
15 bis unter 19 Jahre	15	12
19 bis unter 51 Jahre	15	12
über 51 Jahre	15	12
Schwangere		15
Stillende		22

Fluor
– Baustein der Zähne

Der Körperbestand des Menschen beträgt 2–3 g Fluor, davon über 95 % in den Knochen und Zähnen.

Fluorid kommt in praktisch allen Böden, Trinkwässern, Lebensmitteln, Organismen und der Luft in unterschiedlichen Konzentrationen vor. Daher erscheint eine mangelhafte Versorgung zunächst eher unwahrscheinlich. Allerdings sind über 90 % der im Erdreich vorkommenden Fluorverbindungen wasserunlöslich und somit für den Menschen nur schlecht verfügbar.

Alle natürlichen Wässer enthalten Fluorid. Die Konzentrationen in über 90 % der Trinkwässer in Deutschland ist verhältnismäß niedrig und liegt unter 0,25 mg/l. Nach der Trinkwasserverordnung von 1986 ist jedes Wasserwerk in der Bundesrepublik Deutschland verpflichtet, Fluorid im Trinkwasser bestimmen zu lassen und die Werte der Bevölkerung zur Verfügung zu stellen. Die höchste zulässige Konzentration beträgt 1,5 mg/l.

Die Mineral- und Tafelwasserverordnung von 1984 schreibt vor, Fluoridgehalte von mehr als 1,5 mg/l als „fluoridhaltig" kenntlich zu machen und bei Überschreiten eines Wertes von 5 mg/l den Hinweis anzubringen, daß es wegen des erhöhten Fluoridgehaltes nur in begrenzten Mengen konsumiert werden darf.

Die Zufuhr von Fluorid brachte man bereits Anfang des vorigen Jahrhunderts ohne nähere Analyse der Zusammenhänge in Verbindung mit der Zahngesundheit. Bereits 1905 wurde in englischen Zeitschriften berichtet, daß Fluorid aus der Nahrung kommt, über das Blut transportiert und in Knochen und Zähnen abgelagert sowie vermutlich im Urin ausgeschieden wird. Seitdem hat sich die zahnkariesmindernde Wirkung von Fluorid-Ionen in vielen wissenschaftlichen Untersuchungen bestätigt, die auf eine Beobachtung der veränderten Wasserversorgung im Bereich des Tennessee-Valley-Projektes in den Vereinigten Staaten Ende der 30er Jahre zurückgeführt werden können. Damals wurde beobachtet, daß bei Umstellung der Wasserversorgung in den betroffenen Gebieten nicht nur vermehrt Knochenbrüche, sondern eine bis dahin nicht gekannte Zunahme der Karies-Empfänglichkeit auftraten. Da aufgrund des in Deutschland geltenden Gesetzes eine Fluoridierung des Trinkwassers nicht durchführbar ist, muß auf eine ausreichende Zufuhr fluoridreicher Lebensmittel und Getränke geachtet werden. Die Empfehlungen beziehen sich auf die zur Kariesprophylaxe notwendigen Fluoridmengen. Diese sind zusätzlich zur Festnahrung entweder über das Trink- oder Mineralwasser aufzunehmen.

Fluoridhaltige Mineralwässer gehören zu den wichtigsten Fluoridlieferanten in der menschlichen Ernährung.

Fluorid in richtiger Dosierung und bei regelmäßiger Aufnahme verringert bei Kindern und Erwachsenen das Auftreten von Karies. Die Schutzwirkung von Fluorid ist dabei gleich dreifach:

- Fluorid unterstützt die Wirksamkeit des körpereigenen Abwehrmechanismus, indem es angegriffenen Zahnschmelz wieder „repariert".
- Fluorid wird während der Entwicklungsphase der Zähne in den Zahnschmelz eingebaut und macht ihn widerstandsfähiger gegenüber Säuren.
- Fluorid hemmt den Bakterienstoffwechsel und damit die Produktion von Säuren, die ebenfalls den Zahnschmelz angreifen.

Von der DGE empfohlene Fluoridmengen zur Kariesprophylaxe

	Gesamt mg/Tag	**Supplement mg/Tag**
Säuglinge und Kinder		
0 bis 1 Jahr	0,1 – 1,0	0,25
2 Jahre	0,5 – 1,5	0,5
3 bis 5 Jahre	0,5 – 2,5	0,75
6 bis 14 Jahre	1,5 – 2,5	1,0
Jugendliche und Erwachsene		
15 bis 18 Jahre	1,5 – 4,0	1,0
19 bis 65 Jahre	1,5 – 4,0	1,0
über 65 Jahre	1,5 – 4,0	1,0

Mehr ist nicht immer besser

Übersteigt die Fluoridkonzentration im Trinkwasser 2 mg/l, tritt vermehrt gefleckter Zahnschmelz (Dentalfluorose) in der Bevölkerung auf. Bei Fluoridkonzentrationen über 20 mg/l kann das Wachstum beeinträchtigt werden.

Die akute Toxizität von Fluorid ist im Vergleich zu anderen Spurenelementen gering.

Arsen

Der Name Arsenik ist für die meisten Menschen der Inbegriff von Gift. Mengen über 100 mg wirken tödlich. Nun findet sich aber ein wenig Arsen im Boden, in allen Lebensmitteln und auch im Menschen. Der Arsengehalt im menschlichen Organismus wird mit ca. 14 mg angegeben.

Erst in den letzten Jahren wurde eher zufällig eine wachstumsfördernde und lebenserhaltende Funktion von Arsen bei Tieren gefunden. Ein Arsenmangel bei Tieren tritt bei einem Gehalt von weniger als 0,05 mg/kg Futter auf.

Wegen der chemischen Verwandtschaft zum Phosphor ist eine Beteiligung von Arsen am Energieumwandlungsprozeß denkbar. Genaues ist noch nicht bekannt.

Der Mensch nimmt täglich bis zu ca. 1 mg Arsen auf. Besonders reich an Arsen sind Meerestiere, Vollkornprodukte, Gemüse und Fleisch. Eine Speicherung von Arsen im Körper findet normalerweise nicht statt.

Lithium

Lithium gehört zu den Spurenelementen, die grundsätzlich in Umwelt und

Nahrung, folglich auch im menschlichen Organismus vorhanden sind.

Lithium kommt wegen seiner chemischen Verwandtschaft als unmittelbares Begleitelement von Natrium vor. Dementsprechend ist Lithium im Organismus wie Natrium verteilt.

Im Blut kommt Lithium durchschnittlich in einer Konzentration von 3,1 μg pro 100 ml Blutserum vor.

Lithium-Präparate werden vor allem bei der Behandlung von psychischen Erkrankungen eingesetzt.

Epidemiologische Beobachtungen zeigen, daß das Vorkommen von Lithium in Trink- und Mineralwasser in umgekehrtem Verhältnis zur Häufigkeit des Auftretens von koronaren Herzkrankheiten steht. Das bedeutet, daß dort, wo das Trink- und Mineralwasser reich an Lithium war, die Häufigkeit von koronaren Herzkrankheiten in der Bevölkerung gering war.

Rubidium

Dieses Spurenelement steht im Periodensystem unmittelbar unter dem Kalium. Deshalb verhalten sich beide Elemente chemisch sehr ähnlich. Der relativ hohe Gehalt an Rubidium im menschlichen Körper ist für dieses sonst eher selten vorkommende Element erstaunlich.

Dies deutet auf einen Anreicherungsprozeß und die Speicherung in bestimmten Organen hin. Deshalb dürften dem Rubidium wichtige Funktionen im Organismus zufallen, über die allerdings noch fast nichts bekannt ist.

Aluminium

Aluminium zählt mit einem Bestand von nur 100 mg im ganzen menschlichen Körper zu den Elementen, die in geringsten Konzentrationen vorkommen. Die Zufuhr mit der Nahrung unterliegt großen regionalen Schwankungen. Sie liegt in Deutschland und Mitteleuropa zwischen 10 und 100 mg pro Tag. Abhängig ist die Aluminiumaufnahme vom Gehalt im Trink- und Mineralwasser sowie vom Gehalt im Boden und dadurch in den pflanzlichen Lebensmitteln. Ferner erhöht die Verwendung von Aluminium-Kochgeschirr die Zufuhr.

Aus theoretischen Überlegungen, etwa die Stellung im Periodensystem und dem Körperbestand, ist für Aluminium durchaus eine physiologische Funktion denkbar. Bisher fehlen jedoch Hinweise für diese Überlegungen, zumal Aluminium im Darm nur in sehr geringen Mengen aufgenommen wird.

Silicium und Kieselsäure

Silicium ist neben Sauerstoff das häufigste Element der Erdrinde. In vielen Pflanzen sind Silicium beziehungsweise seine Salze, die Silikate, im Stützgewebe enthalten. Der menschliche Körper enthält etwa 1,4 g Silicium.

Erst 1972 konnte in Tierversuchen bewiesen werden, daß Silicium beziehungsweise Kieselsäure im Wachstumsprozeß benötigt wird. Danach ist Silicium aktiv an der Knochenfestigkeit beteiligt. Im weiteren übt Silicium wichtige Funktionen bei der Biosynthese der Bindegewebe und Knorpel aus.

Interessant ist die Beobachtung, daß im Alter der Siliciumgehalt der Arterien und der Haut zurückgehen, nicht jedoch der Siliciumgehalt der inneren Organe. Es wird diskutiert, daß für Alterungsprozesse der Gelenke, Arterien und der Bindegewebe eine mit dem Alter sich verschlechternde Siliciumversorgung oder eine Verschlechterung der Verwertung von Silicium verantwortlich ist.

In Finnland konnte beobachtet werden, daß in Gegenden, in denen siliciumarmes Wasser getrunken wurde, die Herzinfarktrate höher war als in Gegenden, in denen siliciumreiches Wasser getrunken wurde.

Weitere Forschungen über den Zusammenhang zwischen Siliciumaufnahme und Herzinfarkthäufigkeit sind wünschenswert und könnten sich als nützlich hinsichtlich der Herzinfarktprophylaxe erweisen.

Silicium wird mit Lebensmitteln und Getränken hauptsächlich als Kieselsäure aufgenommen. Kieselsäure ist vom Organismus gut verwertbar.

Bor und Borsäure

Der menschliche Körper enthält nur etwa 10 mg Bor, obwohl die tägliche Zufuhr im Durchschnitt 5 – 30 mg Bor beträgt. In der Natur- und Erfahrungsmedizin hat das Spurenelement Bor eine hohe Bedeutung. Bor soll die geistige Leistungsfähigkeit positiv beeinflussen. Aufgrund des natürlichen Reichtums des Apfelsaftes an Bor ist eine Apfelsaftschorle auch aus diesem Grunde ein sehr empfehlenswertes Fitnessgetränk für die grauen Zellen.

Bei einer Zufuhr von 5 – 30 mg Borsäure mit Speisen und Getränken ist die rasche Ausscheidung aus dem Organismus über den Urin gewährleistet. Bei höherer Zufuhr findet jedoch eine Speicherung im Organismus statt, wobei langfristig toxische Wirkungen sichtbar werden können: Wachstumsstörungen, Durchfälle und Schrumpfung der inneren Organe und insbesondere der Hoden.

Deshalb ist die früher häufig angewendete Borsäure als Konservierungsmittel heute verboten.

Borsäure hat im menschlichen Organismus wahrscheinlich keine Funktion. Für das Pflanzenwachstum ist die Borsäure jedoch unentbehrlich. Über pflanzliche Lebensmittel wird sich der Mensch somit zu allen Zeiten ein wenig Borsäure zuführen.

Chrom – für die Schnelligkeit

Chrom übt eine entscheidende Funktion im Kohlenhydratstoffwechsel aus. Daher ist Chrom besonders für Sportler ein wichtiges Spurenelement. Es steigert die Glucosetoleranz und schützt vor rapiden Glykogenverlusten der Muskulatur beim Training.

Je höher die Kohlenhydratzufuhr, desto höher der Chrombedarf.

Einer Substitution ist dennoch kritisch gegenüberzustehen, da nur Schätzwerte für eine angemessene Zufuhr existieren und Chrom in hohen Dosen giftig ist.

Die Schätzwerte für eine angemesse Zufuhr liegen bei 50 – 200 μg pro Tag, die mit einer vollwertigen Ernährung in der Regel gedeckt werden.

Chromhaltige Lebensmittel sind Ei, Rindfleisch (insbesondere Muskelfleisch), Roggenvollkorn, Kartoffeln, Haselnüsse und Bierhefe.

„Von allen Zusammensetzungen unserer Körpersäfte wirkt sich die Säure zweifellos am schädlichsten aus“
Hippokrates

Der Säure-Basen-Haushalt

Schon Hippokrates warnte vor einer Übersäuerung des Körpers. In den zwanziger und dreißiger Jahren beschrieb der schwedische Ernährungsforscher Ragnar Berg erneut die Bedeutung des Säure-Basen-Haushaltes für Wohlbefinden, Leistung und Gesundheit und die Möglichkeiten der Beeinflussung durch sinnvolle Speisen- und Getränkeauswahl. Heute beschäftigen sich vor allem Anthroposophen, Hay'sche Trennköstler und Mayr-Ärzte mit diesem Thema. Aber auch in der Schulmedizin findet dieses Thema immer mehr Beachtung.

Zur Bindung von möglicherweise in größerer Menge anfallenden sauren Bestandteilen sollte der Organismus über eine große „Basenreserve“ verfügen, da durch eine langfristig säureüberschüssige Ernährung latente Azidosen, also verborgene Übersäuerungszustände, hervorgerufen werden können. Neben einer verschlechterten sportlichen Leistungsfähigkeit sollen Azidosen unter anderem die Entstehung von Migräne, rheumatischen Erkrankungen, Diabetes, Gicht und außerdem Krankheiten des Verdauungstraktes begünstigen.

Gesundes Gleichgewicht

Säuren und Basen sind chemische Gegenspieler und stehen in unserem Körper im Gleichgewicht. Das Verhältnis von Säuren und Basen wird mit dem pH-Wert angegeben. Bei einem pH-Wert von 7 liegt eine neutrale Lösung vor, bei Werten größer als sieben eine basische und bei Zahlen kleiner als sieben eine saure Lösung.

In den einzelnen Körperorganen und Körperflüssigkeiten gibt es unterschiedliche physiologische Konzentrationen. Die verschiedenen Lebensvorgänge im Organismus können nur dann optimal ablaufen, wenn ihr Milieu den wünschenswerten pH-Wert aufweist, denn alle Enzyme, die Katalysatoren des Stoffwechsels, haben ihr spezifisches pH-Optimum. Oder mit anderen Worten: Nur bei einem spezifischen Säure-Basen-Gleichgewicht haben die Enzyme ihre volle Leistungsfähigkeit.

Der pH-Wert wird vom gesunden Organismus im Spielraum enger Grenzen konstant gehalten. Im Blut liegt er im Mittel bei 7,4, mit einem Spielraum zwischen 7,35 und 7,45.

Säuren werden durch Basen abgepuffert. Der Gesamtbestand an Pufferbasen, den der Organismus besitzt, ist die Basen- beziehungsweise Alkali-

	pH-Wert
Blut	7,4
Magensaft	1,2 – 3,0
Speichel	ca. 7,0
Lebergalle	ca. 7,1
Bauchspeichelsekret	ca. 8,0
Harn	5,6 – 7,0

Tab. 7: pH-Werte im Organismus

reserve. Zu den Puffersystemen im Blut gehören Hydrogencarbonat, Hämoglobin, Hydrogenphosphat und Plasmaproteine, die sich im Blut wie folgt aufteilen:

Phosphatpuffer:	5 %
Proteinpuffer:	7 %
Hämoglobinpuffer:	35 %
Hydrogencarbonatpuffer:	53 %

Tab. 8: Anteile der Puffersysteme im Blut

Sind zuviele Säuren im Stoffwechsel vorhanden, werden sie an den Hydrogencarbonatpuffer gebunden, in Wasser und Kohlendioxid überführt und über eine gesteigerte Atmung abgeatmet. Bei ausreichenden Puffersubstanzen ergibt sich trotz Säurebelastung keine Änderung des Blut-pH-Wertes, da das Puffersystem über die Atmung offen ist.

Wenn im Stoffwechsel ein Überangebot an Basen vorhanden ist, wird weniger Kohlensäure durch verlangsamte Atmung abgeatmet. Dadurch ergibt sich keine Änderung des pH-Wertes im Blut. So bleibt das Säure-Basen-Verhältnis im Blut stabil, vorausgesetzt, es sind ausreichende Pufferkapazitäten vorhanden.

Basen reinigen den Körper

Wie bei vielen lebenswichtigen Substanzen, so ist der Körper auch beim Hydrogencarbonatpuffer in der Lage, diesen in bestimmten Mengen selber herzustellen. So produzieren bestimmte Zellen der Magenschleimhaut Hydrogencarbonat, indem sie bei jeder Nahrungsaufnahme aus Kochsalz Salzsäure und Hydrogencarbonat bilden. Dabei wird Salzsäure in den Magensaft und Hydrogencarbonat in das Blut abgegeben. Während die Salzsäure im Magen verweilt, überwiegen im Blut und im gesamten Körper basische Komponenten und erzeugen so eine Art Basenflut. Die periodisch auftretende Basenflut hat die Aufgabe, das Bindegewebe von aufgenommenen Säuren zu befreien und im Organismus angereicherte saure Bestandteile zu neutralisieren.

Was wirkt sauer, was basisch?

Die Einteilung der Lebensmittel nach ihrer Wirkung auf den Säure-Basen-Haushalt erfolgt aufgrund der Stoffwechselwirkung im Körper. Säureüberschüssig ist ein Nahrungsmittel dann, wenn durch die Verstoffwechselung im Organismus mehr Säurereste als Basenreste übrigbleiben. Säurereste sind zum Beispiel Phosphat, Sulfat oder Chlorid. Dabei kann das Lebensmittel selber neutral oder alkalisch sein, wie dies zum Beispiel bei Eiweißkonzentraten oder Fleisch der Fall ist.

Basenüberschüssig ist ein Lebensmittel dann, wenn es mehr Basenreste als Säurereste enthält. Basenreste sind zum Beispiele Kalium, Natrium, Calcium, Magnesium und alle Spurenelemente wie Eisen, Zink, Mangan, Kupfer, Chrom und Molybdän. Es kommt hierbei nicht nur auf die gesamte Menge an Mineralstoffen und Spurenelementen im Lebensmittel an, sondern auf die Differenz zwischen den Säure- und den Basenresten.

Speisefette und -öle werden von einigen Wissenschaftlern zu den säurebildenden Lebensmitteln gezählt, obwohl Fettsäuren und Glycerin, die Bestandteile von Fetten, im Stoffwechsel vollständig zu Kohlendioxid und Wasser abgebaut werden. Wenn von diesen Lebensmitteln entsprechend den Empfehlungen einer bedarfsgerechten Sport- oder Fitnessernährung so wenig wie möglich verzehrt wird, ist eine Einordnung der Fette und Öle in die Gruppe der neutralen Lebensmittel sinnvoll.

Basisch = gesund ?

Beim heutigen Stand des Wissens ist es schwierig, eine Aussage darüber zu machen, inwieweit eine langfristig säureüberschüssige Nahrung den menschlichen Organismus schädigen kann. Auch welche Rolle latente Azidosen als Folge einer solchen Ernährung im Rahmen der Entstehung, der Entwicklung und des Verlaufes bestimmter chronischer Krankheiten spielen, ist bisher noch nicht ganz geklärt. Sicher ist: Mit einer basenüberschüssigen Ernährung geht man kein gesundheitliches Risiko ein. Im Gegenteil: So hat sich beim Leistungssportler als Nachwettkampfs- und Nachtrainingskost eine basenüberschüssige Speisen- und Getränkeaufnahme bewährt, wobei die Schweißverluste mit einem Mineralwasser mit einem hohen Gehalt an Hydrogencarbonat ausgeglichen werden.

Einen Überblick über die Säuren- und Basenwirkung verschiedener Lebensmittel gibt die Übersicht auf der folgenden Seite.

Die bisherige in der Medizin und Ernährungswissenschaft getroffene Aussage, daß der Körper durch die im Blut enthaltenen Puffersysteme gegen überhöhte Säuren oder Basen glei-

Mineral- und Heilwässer	**Hydrogencarbonatgehalt g/l**
Staatlich Fachingen	1,9
Hubertus Sprudel	1,9
Apollinaris	1,8
Arienheller Brunnen	1,7
Kaiser-Friedrich-Quelle	1,6
Rosbacher Ur-Quelle	1,4
Überkinger	1,4
Hassia	1,2
Christinen-Brunnen	0,4
San Pellegrino	0,2

Tab 9: Hydrogencarbonatgehalt in ausgewählten Mineral- und Heilwässern
Quelle: Herstellerangaben

So wirken Lebensmittel im Organismus

sauer	basisch
Tierische Produkte Fleisch, Wurst, Fisch, Eier	**Obst** Rosinen, Feigen, Orangen, Aprikosen, Bananen, Pfirsiche, Weintrauben, Äpfel, Erdbeeren, Ananas
Gemüse/Obst Rosenkohl, Artischocken, Erbsen	**Gemüse, Salat** Kartoffeln, Spinat, Karotten, Blumenkohl, Tomaten, Kopfsalat
Getreideprodukte Teigwaren, Weißbrot, Reis, Zwieback, Knäckebrot	**Milch und Milchprodukte** Vollmilch, Sahne, Buttermilch, Joghurt, Molke, Kefir
Fett und Nüsse Margarine, Butter, Walnüsse, Erdnüsse, Paranüsse	
Getränke alkoholische Getränke, Kaffee, Schwarztee, Kakao	**Getränke** Hydrogencarbonatreiche Mineral- und Heilwässer, Kräutertee

Tab. 10: Säure- bzw. Basenwirkung von Lebensmitteln im Organismus

chermaßen ausreichend geschützt ist, übersieht, daß auch ein Säure-Basen-Gleichgewicht in den Geweben vorhanden sein sollte. Obwohl effektive Puffersysteme existieren, kann bei entsprechender Veranlagung, Schwächung oder belastender Lebensweise die Pufferkapazität zeitweise überfordert sein. Schwierig wird eine rechtzeitige Diagnose dadurch, daß bei gleichzeitiger Azidose im Gewebe ein Säure-Basen-Gleichgewicht im Blut bestehen kann, so daß eine Blutanalyse keinerlei konkrete Hinweise auf eine Gewebeübersäuerung gibt.

Auch wenn aus Gründen der Übersichtlichkeit in diesem Buch Wasser-, Mineralstoff- bzw. Elektrolyt- und Säure-Basen-Haushalt getrennt behandelt werden, sollte man sich stets ihrer Verflechtung bewußt sein.

Folgende Beobachtungen lassen ein basenreicheres Eß- und Trinkverhalten für viele Menschen sinnvoll erscheinen:

1. Bei einer azidotischen Stoffwechsellage treten vermehrt gesundheitliche Probleme auf.

Dies ist beispielsweise beim Fasten, bei Diabetes, bei Purinstoffwechselstörungen, bei Gicht sowie bei Herz-Kreislauf-Erkrankungen durch Sauerstoffmangel und Milchsäureanreicherung in den Geweben der Fall. Auch unter dem Einfluß einer zu eiweißreichen und kohlenhydratarmen Ernährungsform sowie nach intensiven sportlichen Belastungen ist dies zu beobachten.

2. Der Organismus scheidet Stoffwechselendprodukte wie Harnsäure bei Säureüberschuß schlechter aus. Durch eine basenreiche Ernährung kann die Ausscheidung verbessert werden.

3. Die Leistungsfähigkeit des Organismus ist beeinträchtigt, wenn eine Azidose, zum Beispiel durch übermäßige Bildung von Milchsäure bei körperlicher Belastung, oder eine Herz-Kreislaufinsuffizienz, besteht.

4. Eine zu hohe Zufuhr von Eiweiß, hauptsächlich aus Fleisch und Wurst, begünstigt die Entstehung einer azidotischen Stoffwechsellage.

5. Basenüberschüssige Rohkost erzielt in der Ernährungstherapie günstige Ergebnisse.

6. Bei Diabetikern wird Insulin vermutlich besser verwertet, wenn die Nahrung reichlich basenbildende Bestandteile enthält.

7. Auch für den Sportler ist eine basenreiche Ernährung sinnvoll, da bei kurzfristigen, intensiven und intervallartigen Belastungen durch die anaerobe Glykolyse vermehrt Milchsäure produziert wird, die aus den Muskelzellen geschleust und vom Puffersystem neutralisiert werden muß. Basenreiche Lebensmittel, spezielle Basenmischungen sowie mineralstoffreiche Mineralwässer mit einem hohen Gehalt an Hydrogencarbonat können in dieser Situation das Puffersystem unterstützen und sind deshalb während und nach dem Training und Wettkampf sehr gut geeignet. Auch Mixturen von hydrogenhaltigem Mineralwasser mit fettarmen basenbildenden Milchprodukten wie Kefir oder Buttermilch sind nach Wettkampf oder Training ideal. Diese Mixgetränke enthalten wenig Fett, wichtige Kohlenhydrate und hochwertiges Eiweiß zur Unterstützung der Regeneration.

Produkt	Säureüberschuß	Produkt	Basenüberschuß
Makkaroni, gekocht	1,2	Linsen, gekocht	0,4
Erbsen	1,4	Honig	0,6
Porridge	1,5	Kakaopulver	0,7
Pilze, gekocht	1,6	Blumenkohl, gekocht	1,7
Cornflakes	2,0	Vollmilch	2,7
Weißbrot	2,2	Kohl, gekocht	2,8
Reis, gekocht	2,6	Äpfel	2 – 3
Schwarzbrot	3,1	Gurke	3,2
Cornflakes, all bran	4,3	Artischocken	3,3
Eiklar	5,0	Erdbeeren	3,5
Gerste, gekocht	6,0	Käse	2 – 4
Spaghetti	7,6	Bohnen	3,7
Nüsse	8,4	Zitronensaft	3,8
Würste	3 – 10	Birnen	3,8
Speck	7 – 10	Orangensaft	4,5
Spargel	10,5	Pflaumen	5,2
Omelette	13,4	Endivien	5,4
Schaffleisch	14,1	Tomaten	5,6
Schinken, fett	16,2	Rettich	5,8
Eier	16,2	Orangen, Pfirsiche	6,1
Schweinefleisch	18,7	Kirschen, Himbeeren	6,1
Truthahn	19,5	Grapefruit	6,4
Fisch	12 – 20	Banane	7,9
Kaninchen	20,1	Aprikosen, Brombeeren	8,4
Hirn	20,7	Karotten, roh	9,0
Geflügel	20,7	Pellkartoffeln	12,4
Beefsteak	23,2	Spinat	39,6
Kalbskotelett	23,5	Trockenobst	10 – 40
Kalbfleisch, Filet	28,5	Hydrogencarbonatreiche	
Leber	49,5	Mineralwässer	20 – 30

Tab.11: Säure- und Basenüberschuß ausgewählter Lebensmittel
Die Zahlen beziehen sich auf 100 g gekaufter Ware. 1 Milliäquivalent Säureüberschuß entspricht 0,1 ml Salzsäure, 1 Milliäquivalent Base entspricht 84 mg Hydrogencarbonat

aus: Kieffer, F.: Vitamine und Mineralstoffe in Früchten und Gemüse, Lebensmittel-Technologie 23/Nr.12/1990

nach: E.M. Widdowson, R.A. McCance: The Composition of Foods, 3. Auflage 1960, Med. Res. Council, Special Rep. Ser. No. 297, Her Majesty‘s Stationary Office, London

„Das Beste ist Wasser“
Pindar, Olympische Siegeslieder

Ohne Wasser kein Leben

Wasser ist, und das mag viele überraschen, neben der Atemluft unser wichtigstes „Lebensmittel“ im wahrsten Sinne des Wortes. Wasser ist als universelles Lösungs- und Transportmittel Grundlage aller biologischen Vorgänge im menschlichen Organismus. Es sorgt für einen ständigen Austausch der Auf- und Abbauprodukte des Stoffwechsels. Der Transport von Mineralstoffen, Spurenelementen sowie allen Nährstoffen ist nur in wäßriger Lösung möglich. Eine weitere sehr bedeutsame Aufgabe des Wasser ist die Wärmeregulation. Für den menschlichen Körper ist es lebensnotwendig, die Körpertemperatur aufrechtzuerhalten. Dies wird durch Wasser ermöglicht, da Wasser Wärme wesentlich langsamer als andere Substanzen aufnimmt beziehungsweise abgibt.

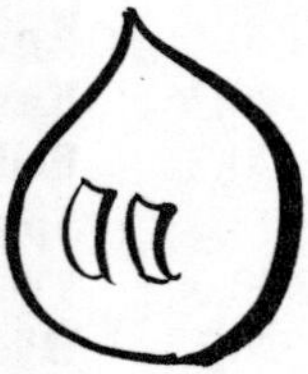

Wie stark der Mensch von dem kostbaren Naß abhängig ist, beweist auch die Tatsache, daß er nur wenige Tage ohne Flüssigkeit auskommen kann. Hungerperioden kann der Mensch 30 – 40 Tage durchleben. Ohne Wasseraufnahme ist ein Überleben selbst unter günstigsten klimatischen Bedingungen maximal 5 – 7 Tage möglich.

Der Wassergehalt des menschlichen Organismus hängt ab vom Lebensalter, Geschlecht und Körpergewicht. Beim Neugeborenen entfallen etwa 75 % des Körpergewichtes auf Wasser. Bei jungen Erwachsenen beträgt der Wasseranteil im Mittel 63 % für den Mann und 52 % für die Frau. Mit zunehmendem Lebensalter fallen die Mittelwerte auf 52 % bzw. 46 % ab. Der geringere Wassergehalt von Frauen und von übergewichtigen Menschen hängt von der unterschiedlichen Wasserkonzentration in den einzelnen Geweben ab: Während Fett nur wenig Wasser enthält, beträgt der Wasseranteil in der Muskulatur 77 %. Da die Muskulatur zu etwa 40 % am Gesamtkörpergewicht beteiligt ist, befindet sich also fast die Hälfte des gesamten Körperwassers in den Muskeln. Entsprechend nimmt der prozentuale Wassergehalt mit vermehrtem Depotfett ab.

Der Wassergehalt des Organismus wird unter Normalbedingungen sehr konstant gehalten. Er schwankt langfristig nur um +/- 0,22 % des Körpergewichts. Das sind bei einer Person von 70 kg Körpergewicht nur 150 ml.

Das Körperwasser wird in zwei Bereiche untergliedert: Innerhalb der Körperzellen, also intrazellulär, und außerhalb der Körperzellen, also ex-

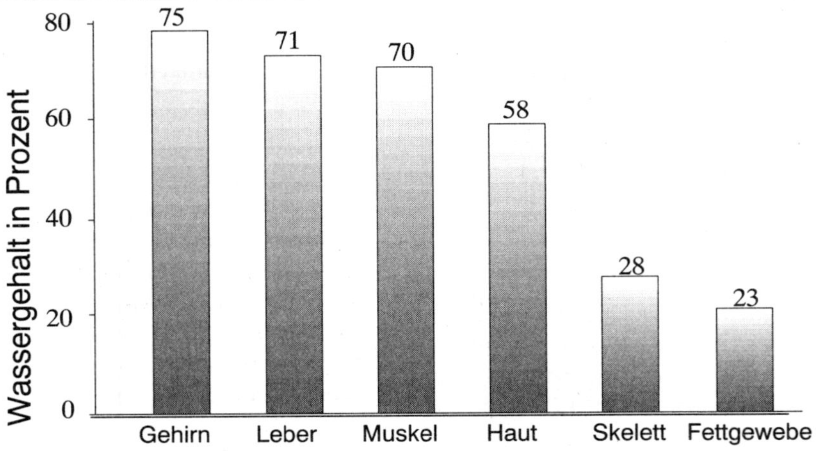

Abb. 8: Die wasserreichsten Organe sind Gehirn, Leber und Muskulatur. Sie sind deshalb gegen Wasserverluste besonders empfindlich.

trazellulär. Die Wasservorräte sind dabei unterschiedlich verfügbar und haben auch unterschiedliche Aufgaben im Organismus zu erfüllen.

Der Gehalt und die Zusammensetzung in den zwei Flüssigkeitsbereichen intra- und extrazellulär ist unterschiedlich. Während außerhalb der Zellen Natrium, Chlorid und Hydrogencarbonat überwiegen, stehen in den Zellen Kalium, Phosphor und Magnesium im Vordergrund.

Die Verteilung des Körperwassers ist mit einem vollgesogenem Schwamm zu vergleichen. Ein Teil fließt spontan ab, wenn der Schwamm abgelegt wird: Dies entspricht dem extrazellulären Wasseranteil. Der andere Teil kann nur durch Auswringen des Schwammes freigesetzt werden: der gebundene, intrazelluläre Wasseranteil.

Dementsprechend bestimmt auch die Mineralstoffzusammensetzung des Getränks, in welchem Körperbereich sich die Flüssigkeit verteilt. Natriumreiche Getränke ersetzen in erster Linie die Flüssigkeitsverluste

Gewichtsanteile (%)	
Feste Substanz	40 – 50
Körperwasser, gesamt	50 – 60
– intrazellulär	30 – 40
– extrazellulär	20

Tab. 12: Durchschnittliche Gewichtsverteilung des Erwachsenen

außerhalb der Zellen und somit die Flüssigkeitsverluste des Blutes und wirken hierdurch der Bluteindickung während des Sportes direkt entgegen. Hydrogencarbonatreiche Getränke können sogar nachhaltig die Fließeigenschaften des Blutes verbessern.

Kaliumreiche Getränke ersetzen hauptsächlich die Flüssigkeitsverluste der Zellen.

Hieraus wird auch ersichtlich, daß der Wasser- und Mineralstoff- beziehungsweise Elektrolythaushalt eine unzertrennliche Einheit bilden. Auf jede Veränderung der Elektrolyte beziehungsweise Mineralstoffe, insbesondere von Natrium, folgt eine Bewegung von Wasser. Umgekehrt ist bei einer Veränderung des Wassergehaltes gleichzeitig der Elektrolythaushalt betroffen, der sich entsprechend der Wasserbewegung anpassen muß.

So ist zum Beispiel über Natrium der Wasserhaushalt mit dem weiteren Elektrolythaushalt direkt verbunden. Da Natriumbewegungen von Chloridbewegungen begleitet werden und Chloridbewegungen wiederum mit Bicarbonat- beziehungsweise Hydrogencarbonatbewegungen einhergehen, besteht gleichzeitig eine enge Verbindung von Elektrolyt- und Säure-Basen-Haushalt.

Wasserverlust und Wasserbedarf

Der tägliche Flüssigkeitsbedarf wird in der Hauptsache durch Getränke gedeckt (mindestens 1,5 l). Einen wichtigen Beitrag leisten auch „feste“ Nahrungsmittel, die zum Teil einen hohen Wassergehalt aufweisen.

Mit der Nahrung werden dem Körper pro Tag durchschnittlich 0,7 l sogenanntes gebundenes Wasser zugeführt. Weitere 0,3 l entstehen durch Verbrennen der im Organismus gespeicherten Kohlenhydrate, Fette und Eiweiße.

Feste Lebensmittel werden je nach Wassergehalt in drei Kategorien eingeteilt: Wasserreiche Lebensmittel haben einem Wassergehalt von 50 % – 99 %, halbfeuchte 20 % – 50 %. Wassereiche und halbfeuchte Lebensmittel haben oft nur eine Haltbarkeit von 8 – 14 Tagen. Bei den trockenen Lebensmitteln liegt der Wassergehalt unter 20 %. Diese sind bei trockener, kühler Lagerung lange haltbar.

Wasserreiche Lebensmittel
(50 – 99 % Wasser)
Obst, Gemüse, Milch, Magerquark, Frischfleisch, Frischfisch

Halbfeuchte Lebensmittel
(20 – 50 % Wasser)
Camembert, Räucherschinken, Brötchen, Marmelade, Honig

Trockene Lebensmittel
(bis 20 % Wasser)
Nüsse, Schokolade, Fett, Getreide

Die tägliche unbedingt notwendige Wassermenge von 2,5 Litern wird zur Lösung von Substanzen, die mit dem Harn ausgeschieden werden (750 ml – 2 l) und für den Stuhl (150 – 250 ml) sowie zur Anfeuchtung der Atemluft (350 ml) und zum Ausgleich der Verdunstung durch die Haut (500 ml) benötigt.

Unter Normalbedingungen werden über den Urin täglich 1 – 1,5 Liter ausgeschieden. Wird weniger ausgeschieden, so liegt meist ein Flüssigkeitsdefizit vor. Die Niere versucht dabei, die harnpflichtigen Substanzen wie Harnstoff, Kalium und ihre begleitenden Substanzen in konzentrierter Form auszuscheiden, was zum Beispiel die Bildung von Nierensteinen begünstigen kann. Etwa 15 g Wasser werden pro g dieser löslichen Substanzen benötigt. Jeder Sportler sollte deshalb lernen, Menge und Helligkeit des nach der Nachtruhe gelösten Urins beurteilen zu können. Mit etwas Erfahrung vermag diese auf den ersten Blick unwissenschaftliche Methode erstaunlich zuverlässig Defizite in der Flüssigkeitszufuhr aufzudecken. Ist der morgendliche Urin konzentriert, liegt häufig ein Flüssigkeitsdefizit vor. Ist der Urin dagegen hell, so ist der Flüssigkeitsverlust ausgeglichen.

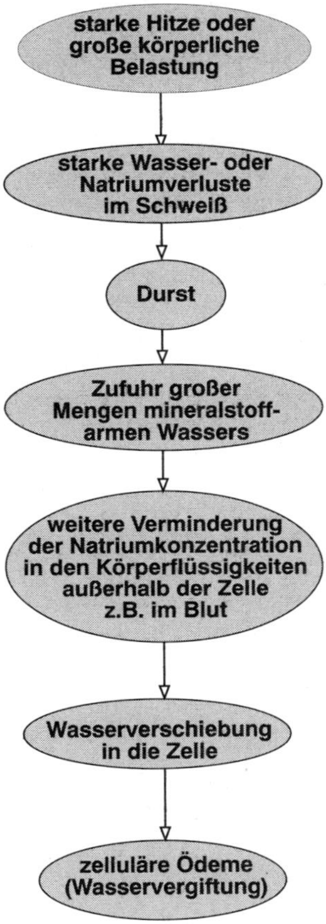

Abb. 9: Folgen der Zufuhr von mineralstoffarmem bzw. -freiem Wasser bei hohem Flüssigkeitsdefizit

Die über den Stuhl ausgeschiedene Wassermenge erhöht sich bei einer ballaststoffreichen, vegetarisch ausgerichteten Ernährungsweise aufgrund der Quellfähigkeit der Ballaststoffe. Auch bei Durchfall wird die Wasserausscheidung über den Stuhl drastisch erhöht. Ähnliches gilt bei Erbrechen und nach operativen Eingriffen. In diesen Fällen müssen die hohen Wasserverluste zusätzlich ausgeglichen werden, wobei mineralstoffarmes Wasser ungeeignet ist. Bei mineralstoffarmem Wasser kann es wegen auftretenden Wasserverschiebungen in den Zellen zu zellulären Ödemen sowie zu verminderter Nierenfunktion kommen.

Die Regelung der Flüssigkeitsaufnahme erfolgt normalerweise nicht über das Durstgefühl, sondern über gewöhnungsgeprägte Rhythmen, wobei der Schwerpunkt der Getränkeaufnahme meist am Abend ist. Für die aufgenommene Menge ist daher das Gefühl der Sättigung entscheidend. Trinken zum Ausgleich eines Flüssigkeitsdefizits (primäres Trinken) mit entsprechendem „echtem" Durstgefühl kann bei Reduktion des extrazellulären oder intrazellulären Volumens ausgelöst werden. Je nach Ausgangszustand ist dazu ein Wasserverlust von 0,5 – 1,5 l notwendig. Wenn ein Durstgefühl auftritt, liegt bereits ein Flüssigkeitsdefizit vor.

Wird mehr Flüssigkeit aufgenommen, als direkt benötigt wird, so wird dies über eine erhöhte Urinausscheidung ohne Probleme ausgeglichen.

Bei gemäßigtem Klima wie in Deutschland gilt bei Erwachsenen, daß das Harnvolumen etwa so groß sein sollte wie die Getränkezufuhr.

Nur gemeinsam mit Natrium kommt das Wasser in den Körper

Mit dem Übergang vom Meeresbewohner zum Landlebewesen ergab sich die Notwendigkeit, spezielle Mechanismen zur möglichst effektiven Vorratshaltung und Konservie-

Richtwerte der DGE für die Zufuhr von Wasser (ml/kg Körpergewicht/Tag)[1]

	ml/kgKG/Tag
Säuglinge	
0 bis 2 Monate	130 – 180
3 bis 5 Monate	130 – 180
6 bis 11 Monate	120 – 145
Kinder	
1 bis 3 Jahre	115 – 125
4 bis 6 Jahre	100 – 110
7 bis 9 Jahre	90 – 100
10 bis 12 Jahre	70 – 85
13 bis 14 Jahre	50 – 60
Jugendliche	
15 bis 18 Jahre	40 – 50
Erwachsene[2]	20 – 45
Schwangere	20 – 45
Stillende	20 – 45

1) Bei normaler Energiezufuhr und durchschnittlichen Lebensbedingungen, ohne sportliche Tätigkeit, einschließlich des Wassergehaltes der Nahrung, aber ohne die Wasserbindung bei der biologischen Oxidation.

2) mindestens 1 l, maximal etwa 4 l pro Tag, bei großen Verlusten durch Schweiß noch mehr. Bei Hitzearbeit kann der tägliche Wasserbedarf das Drei- bis Vierfache der angegebenen Werte erreichen, in extremen Situationen über 10 l pro Tag.
Bei normaler Tätigkeit reichen etwa 2 l pro Tag bei einem Standardgewicht von 70 kg.

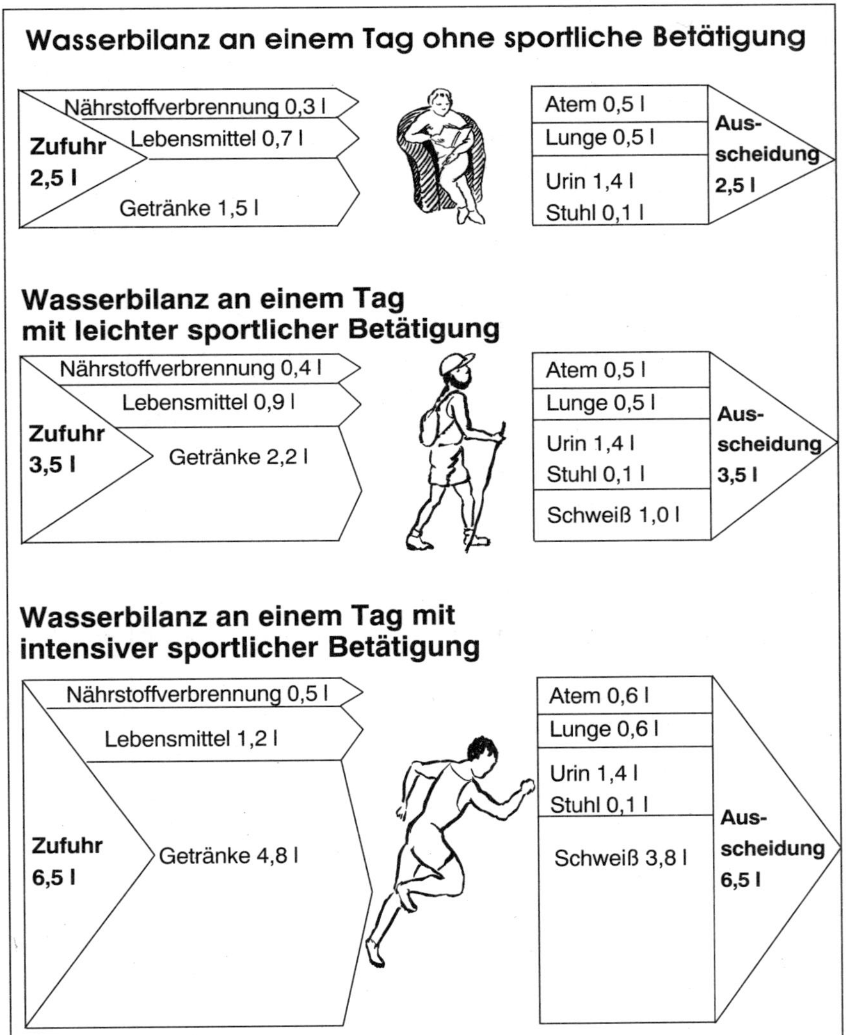

Abb. 10: Tages-Wasserbilanz bei unterschiedlicher Betätigung

rung von Wasser und Mineralstoffen zu entwickeln. Neben den Nieren und den Schweißdrüsen fällt dabei dem Magen-Darm-Trakt eine Hauptaufgabe zu. Dabei ist die Wasseraufnahme untrennbar mit den osmotisch wirksamen Bestandteilen des Magen-Darm-Traktes wie Natrium, Chlorid und Bicarbonat beziehungsweise Hydrogencarbonat verbunden. Aufgrund der biologischen Zusammenhänge müssen deshalb nicht nur Wasser, sondern auch entsprechende Mengen an Mineralstoffen und Spurenelementen aufgenommen werden.

Die Magenpassage

Der Magen ist der erste Ort der Flüssigkeitsaufnahme. Nach der Magenentleerung wird die Flüssigkeit durch den Darm transportiert, wo die Abgabe ins Blut stattfindet.

Gegenüber Wasser und wasserlöslichen Stoffen verhält sich die Magenschleimhaut wie ein Sieb mit sehr feinen Poren. Wassermoleküle können in beiden Richtungen durch die Magenschleimhaut sowohl vom Magen in das Blut als auch vom Blutplasma in den Magen gelangen. Dennoch ist die Aufnahme von Wasser aus dem Magen bei ausgeglichenem Wasserhaushalt unbedeutend. Lediglich bei bestehendem Flüssigkeitsdefizit, zum Beispiel während oder nach intensiven sportlichen Aktivitäten, kann Wasser bereits vom Magen direkt in den Organismus gelangen.

Liegt kein Flüssigkeitsdefizit vor, können etwa 500 – 800 ml Flüssigkeit je Stunde aus dem Magen an den Darm weitergeleitet werden. Dies ist auch der begrenzende Faktor für die Getränkeaufnahme während sportlicher Tätigkeiten (0,15 – 0,2 Liter pro Viertelstunde), da die Magenentleerungsgeschwindigkeit durch körperliche oder sportliche Aktivität nicht wesentlich beeinflußt wird. Auch gibt es zwischen trainierten und untrainierten Personen keinen Unterschied in der Magenentleerungsgeschwindigkeit.

Die Magenpassage wird jedoch durch den Zusatz von Energie, zum Beispiel Zucker, verzögert. Dabei hängt die Aufenthaltsdauer der Flüssigkeit im Magen von der Konzentration gelöster Stoffe im Getränk ab. Besonders bei hohem Sauerstoffverbrauch, zum Beispiel beim Sport, kann die Resorptionsverzögerung ausgeprägt sein.

Mit anderen Worten: Natürliches Mineralwasser oder Getränke mit niedriger Kohlenhydrat-(Zucker)-Konzentration verlassen den Magen rasch. Sie liefern aber nur geringe Kohlenhydrat(Energie)mengen. Stärker konzentrierte Getränke, zum Beispiel Sport-Schorlen im Verhältnis 3:1, d. h. 3 Teile Mineralwasser und 1 Teil Fruchtsaft, verlassen den Magen langsamer, liefern jedoch aufgrund ihres Kohlenhydratgehaltes gleichzeitig Energie.

Sport-Schorlen, die über Fruchtsaft die wünschenswerten Kohlenhydrate (Energie) liefern und bei einer entsprechenden Mineralwasserauswahl ausreichend Natrium enthalten können, sind bei körperlicher oder sportlicher Belastung von mehr als 60 Minuten zu favorisieren, da diese Getränke zwar etwas länger als reines Mineralwasser im Magen verweilen, im Darm aber aufgrund des Natriums und der Kohlenhydrate schnell aufgenommen werden und somit gleichzeitig Flüssigkeit, Mineralstoffe und Energie für die sportliche Aktivität liefern können.

Stärker konzentrierte Getränke hingegen wie reiner Fruchtsaft oder Cola-Getränke erzeugen einen Wasserübergang vom Blut in das Darmlumen. Dem Organismus wird zur Verdünnung des Getränks kurzfristig Wasser entzogen, wodurch die Aufnahme von Flüssigkeit verzögert und verringert wird.

»Ignoranz ist die Perücke der Dummheit«
Ernst Bau

Durst

Schon im 18. Jahrhundert befaßte sich A. von Haller auf wissenschaftlicher Basis mit den Ursachen für das Durstgefühl. Seine Folgerungen wurden später als die „Theorie des trockenen Mundes" bekannt. Aufgrund dieser Theorie nahmen noch zu Beginn dieses Jahrhunderts Wissenschaftler an, daß die Trockenheit des Mundes in direkter Beziehung zum Wasserverlust des Körpers steht. Diese Theorie ist zwar schön einfach, sie spiegelt jedoch nicht die wahren Gegebenheiten wider. Heute weiß man, daß die Trockenheit des Mundes lediglich durch die Abnahme der Speichelsekretion bedingt und somit eine Folge des Wasserverlustes ist. Die Trokkenheit des Mundes läßt jedoch keinen direkten Schluß auf die Höhe des Wasserverlustes beziehungsweise des Durstes zu.

Für viele Menschen, auch Sportler, ist der Durst der Gradmesser für die Menge der Flüssigkeitsaufnahme. Unter sportlicher Belastung kann durch diesen Mechanismus der Wasserverlust jedoch nicht vollständig und rechtzeitig ausgeglichen werden.

Temperaturregulation

Die Biomaschine Mensch arbeitet bei der Verbrennung der Nährstoffe Kohlenhydrate, Fett und Eiweiß lediglich mit einem Wirkungsgrad von 30 %. Bei jeder Muskelkontraktion, bei jeder Bewegung gehen 70 % der entstandenen Energie als Wärme verloren. Dabei nimmt mit steigender Arbeitsintensität aktiver Gewebe auch die Menge des für die Energieprozesse benötigten Sauerstoffs zu. Pro Liter Sauerstoff, der während der Muskelaktivität verbraucht wird, werden etwa 4 kcal (16 kJ) Wärme und etwa 1 kcal (4 kJ) Energie für mechanische Arbeit erzeugt. Es werden also bei jeder Muskelkontraktion, ob im Sport oder am Schreibtisch, rund 3/4 der benötigten Energie als Wärme frei. Bei maximaler Belastung kann sich die Produktion der Körperwärme sogar um einen Faktor größer 10 erhöhen.

Sportliche oder körperliche Aktivität erzeugt Wärme und kann die Körpertemperatur erhöhen. Eine Wärmeproduktion von 20 – 25 kcal pro Minute würde die Körpertemperatur alle 5 – 7 Minuten um 1° C erhöhen. Der Körper muß die überschüssige Wärme abgeben, um eine Überhitzung des Körpers und Gesundheitsrisiken zu vermeiden.

Durst ist grundsätzlich der Ausdruck einer negativen Wasserbilanz. Ein Durstgefühl stellt sich ein, sobald der Wassergehalt des Körpers um etwa 1 % des Körpergewichts abnimmt (= 0,7 l bei einer 70 kg schweren Person).

Die im Muskel erzeugte Wärme wird zum überwiegenden Teil vom zirkulierenden Blut aufgenommen, das im Vergleich zum arbeitenden Muskel relativ kühl ist. Wieviel Wärme auf diesem Wege abgeleitet werden kann, hängt vom Temperaturunterschied zwischen Muskel und Blut sowie von der Durchblutung des Muskelgewebes ab. Ein gut durchbluteter Muskel kühlt besser und kann bei körperlicher Aktivität die Wärmeabgabe um das 20- bis 25-fache erhöhen und hierdurch eine Überhitzung vermeiden, zudem das Blut die Wärme zur Körperoberfläche transportiert, und diese dort über die relativ kühle Haut abgegeben wird.

Bei anhaltender körperlicher Aktivität kann es trotz Wärmeabgabe an das Blut zu einer Erhöhung der Körpertemperatur kommen. In dieser Phase ist die Schweißbildung und die beim Verdunsten des Schweißes dem Körper entzogene Wärme der entscheidende Regulationsmechanismus. Jeder Milliliter Schweiß, der auf der Hautoberfläche verdunstet, bewirkt einen Wärmeverlust von etwa 0,6 kcal (2,5 kJ). Dies entspricht einem Kühleffekt von 580 – 600 kcal/l. Dieser Wert entspricht einer vollständigen Verdunstung auf der Haut. Häufig jedoch tropft ein Teil des Schweißes ab, ohne zu verdunsten. Die zum Kühlen benötigte Schweißmenge vergrößert sich hierdurch, und damit vergrößert sich auch der Flüssigkeitsbedarf.

Bei einem Sportler von 70 kg Körpergewicht können maximal 1800 ml (1,8 l) pro Stunde als Schweiß abgegeben werden. Dies hat eine Wärmeabgabe von ca. 80 % der maximalen Wärmeproduktion zur Folge. Die verbleibenden 20 % müssen über andere Wege, zum Beispiel an die umgebende Luft oder das Wasser mittels Strahlung und Wärmeströmung abgegeben werden.

Sport in der Hitze

Je höher die Umgebungstemperatur ist, desto weniger Wärme kann durch Strahlung und Wärmeströmung abgegeben werden.

Einfluß der Kleidung

Mehrschichtenbekleidung, Trainings- oder Schutzanzüge aus Nylon (bei American Football, Eishockey, Fechten) können die Schweißverdunstung sogar hemmen. Auch Strahlung und Wärmeströmung werden auf diese Weise größtenteils gestoppt, so daß die Wärmeabgabe insgesamt auf kritische Werte reduziert werden kann.

1 ml Schweiß	=	0,6 kcal Wärmeabgabe
1 l Schweiß	=	600 kcal Wärmeabgabe
maximale Schweißrate	=	30 ml/min = 1,8 l/h
maximale Wärmeabgabe mittels Schweiß	=	20 kcal/min = 1200 kcal/h
maximale Wärmeproduktion	=	25 kcal/min = 1500 kcal/h
	Differenz:	5 kcal/min = 300 kcal/h
	=	**Überhitzungsgefahr** (Anstieg der Körpertemperatur)

Mehr Schweißverlust bei hoher Luftfeuchtigkeit

Auch an Tagen mit hoher Luftfeuchtigkeit ist die Schweißverdunstung verringert. Der Körper ist praktisch ständig schweißnaß, und die Schweißtropfen fallen herunter – eine sehr ineffiziente Art der Körperkühlung. In dieser Situation kann die Wärmeabgabe schwer beeinträchtigt sein, wenn gleichzeitig hohe Umgebungstemperaturen herrschen, welche zusätzlich die Strahlung und Wärmeströmung vermindern. Unter solchen klimatischen Voraussetzungen durchgeführte sportliche Aktivitäten können deshalb für den Sportler eine potentielle Gesundheitsgefährdung bedeuten, wenn es in dieser Situation nicht zu einer ausreichenden Flüssigkeitszufuhr kommt.

Die Schweißverluste steigen bei höherer Luftfeuchtigkeit, da ein großer Teil des Schweißes abtropft, statt auf der Haut zu verdunsten. Die Schweißmenge ist ebenfalls abhängig von der Belastungshöhe, von der Temperatur, vom Wind und von der Kleidung, die man trägt.

Kälte und Wind

An kalten, windigen Tagen mit normaler oder geringer Luftfeuchtigkeit ist die Wärmeabgabe maximal. Sol-

relative Luftfeuchtigkeit	nötige Schweißmenge, um 1 l Schweiß tatsächlich zu verdampfen
10 %	1 – 1,5 Liter
30 %	1,5 – 2,0 Liter
50 %	2,0 – 3,0 Liter
70 %	3,0 – 4,0 Liter

Tab. 13: Wirkung der relativen Luftfeuchtigkeit auf die Schweißabsonderung hinsichtlich des Kühlungseffektes

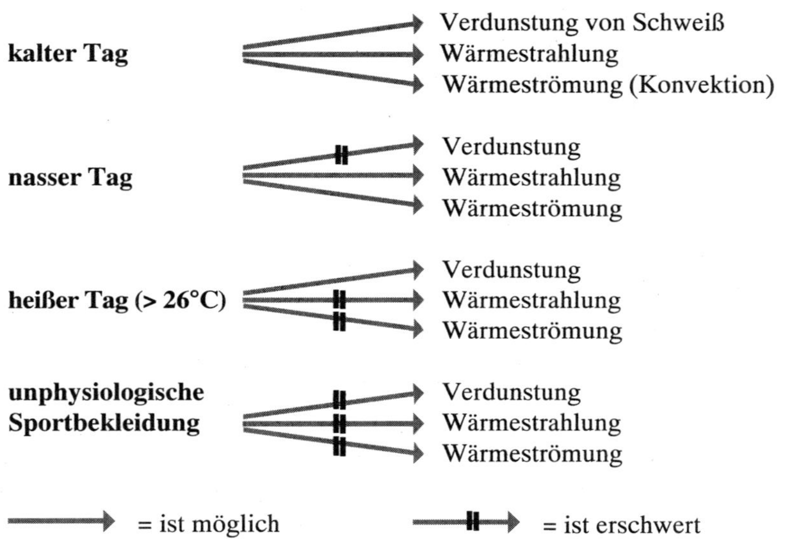

Abb. 11: Abhängigkeit der Kühlmöglichkeiten von verschiedenen Faktoren

che Umgebungsbedingungen sind für Sportler, die maximale Wärmemengen erzeugen, optimal, da die Wärme weitgehend durch Strahlung und Wärmeströmung und nur in begrenztem Maße durch Schwitzen abgeführt werden muß. Die Wärmeströmung kann bei größeren Windgeschwindigkeiten sowie beim Schwimmen durch die Wasserströmung sehr stark zunehmen. Bei den Langsamläufern und auch Schwimmern, die relativ wenig Wärme erzeugen, kann es sogar zur Unterkühlung kommen, wenn sie zu wenig oder nur leichte Kleidung tragen.

Trinken während der sportlichen Tätigkeit unterstützt die Abkühlung. Eine Getränkeaufnahme erhöht neben der Möglichkeit des Schwitzens auch die Fähigkeit zur Strahlung und Wärmeströmung. Das richtige Trinken bewirkt eine verbesserte Durchblutung, vermehrte Sekretion und verbesserte Abkühlung. Der gesamte Wärmeaustausch wird durch das richtige Trinken verbessert.

	Lufttemperatur in °C			
	26	**32**	**38**	**43**
Wanderung mit Gepäck in der Sonne 	0,40	0,70	1,00	1,40
Sonnenbad 	0,20	0,40	0,70	1,00
Ruhe im Schatten 	0,05	0,10	0,20	0,60

Tab. 14: Abhängigkeit der Schweißmenge von Tätigkeit und Sonneneinstrahlung (Angabe der Schweißproduktion in Liter pro Stunde)

Sport im Sommer

An heißen Tagen mit normaler oder geringer Luftfeuchtigkeit wird die Wärmeabgabe über Strahlung und Wärmeströmung minimal sein. Die Schweißverdunstung hat hier die Hauptaufgabe zu leisten. Sehr hohe Schweißverluste sind in dieser Situation keine Seltenheit. Es dürfte einleuchten, daß eine ausreichende Flüssigkeitszufuhr zur Vermeidung von Wassermangel und Wärmestau für die Gesundheit von erstrangiger Bedeutung ist.

„Im Schweiße deines Angesichts sollst du dein Brot essen“
(1. Moses 3,19)

Schweiß – ein mineralstoffreiches Wasser

Besonders Ausdauersportler und Kraftausdauersportler können in Abhängigkeit von Umgebung, Klima und Intensität der sportlichen Aktivität im Verlauf des Wettkampfes oder Trainings ihr Körpergewicht erheblich abbauen. Dieser Gewichtsverlust ist in erster Linie ein Flüssigkeitsverlust. So werden bei Marathonläufen insbesondere bei warmen Wetter Flüssigkeitsverluste von mehr als 4 Litern beobachtet. Bei beruflicher Arbeit können während einer 8-Stunden-Schicht unter heißen Arbeitsbedingungen Schweißverluste von 6 und mehr Litern eintreten.

Die Schweißmenge ist direkt abhängig von der Intensität der sportlichen oder körperlichen Belastung. So nimmt nicht nur der Energieverbrauch, sondern auch entsprechend die Schweißpoduktion mit steigender Laufgeschwindigkeit zu. Je mehr Energie produziert wird, um so mehr Wärme muß abgeführt werden, um so höher ist die notwendige Schweißproduktion.

Sportart	vorübergehende Gewichtsabnahme
100-m-Lauf	ca. 0,15 kg
10000-m-Lauf	1,0 – 1,5 kg
Marathonlauf	1,0 – 4,0 kg
Skilauf 10 km	0,5 – 1,0 kg
Rudern 2000 m	0,8 kg
Fechten	1,0 kg
Fußball	0,5 – 3,0 kg
Ringen	0,5 – 1,8 kg
Boxen	0,5 – 1,6 kg
Eishockey	1,0 – 1,8 kg

Tab. 15: Flüssigkeits- beziehungsweise Gewichtsverluste beim Sport (nach Jakolew)

Quelle: AID-Verbraucherdienst 3/1990

Woher kommt der Schweiß?

Das Wasser, das wir ausschwitzen, kommt nicht von irgendwo her. Bei Langzeitbelastungen wird vor allem extrazelluläre Flüssigkeit ausgeschieden. Interessanterweise gilt dasselbe für die Sauna, in der wir ohne jede Anstrengung schwitzen. Zum Ausgleich dieser Schweißverluste sind deshalb natriumhaltige Getränke sinnvoll, da in erster Linie natriumreiche Flüssigkeiten einen Wasserausgleich außerhalb der Zellen und somit im Blut bewirken.

Bei Belastungen, bei der die Energie über den aeroben Abbau der gespeicherten Kohlenhydrate gewonnen wird, stammt ein Teil des Schweißes aus intrazellulärer Flüssigkeit. Dies wird unter anderem durch die Energiefreisetzung der gespeicherten Kohlenhydrate ermöglicht. Ein Sportler, der zum Beispiel 300 g Glykogen verbrennt, stellt damit auch fast einen Liter Wasser aus dem Stoffwechsel bereit. Diese Menge Wasser steht dem Körper zur Kühlung zur Verfügung.

Die Herkunft des Schweißes ist von der Belastungshöhe abhängig. Bei intensiver Belastung stammt das Wasser auch aus dem Zellbestand, bei Langzeitbelastungen oder beim Saunagang stammt das Wasser fast ausschließlich aus dem Bestand außerhalb der Zellen, zum Beispiel aus dem Blut.

Was passiert bei Wassermangel?

Es ist wichtig, daß der Sportler sich der Risiken bewußt ist, die hohe Schweißverluste mit sich bringen können, wenn keine ausreichende Flüssigkeitsaufnahme erfolgt. Denn der Thermostat, der die Körpertemperatur überwacht, ist viel wirksamer als der Mechanismus, der den Wasserhaushalt reguliert. Das bedeutet, für den Organismus hat die

Temperatursteuerung Vorrang vor dem Wasserhaushalt. Da die Wasservorräte begrenzt sind, wird ein größerer Wasserverlust schnell gefährlich: Bei einem Wasserdefizit, das 10 % des Körpergewichtes entspricht, treten bereits ernste gesundheitliche Störungen auf.

Eine erste Folge des Schweißverlustes ist eine Verringerung der Blutflüssigkeit. Das Blut dickt ein. Diese Abnahme des Plasmavolumens kann leicht 15 – 20 % des Ausgangsvolumens erreichen. In dieser Situation nimmt die Fließeigenschaft des Blutes ab, und die Versorgung der Muskelzellen mit Sauerstoff und Nährstoffen ist geschwächt, da auch die Durchblutung der äußeren Körperbereiche abnimmt und somit der An- und Abtransport notwendiger Nährstoffe erschwert wird. Die möglichen negativen Folgen reichen von der Leistungsverminderung bis hin zu Muskelkrämpfen und Überhitzung.

Richtiges Training verbessert Schutz vor Hitzschlag

Zwischen dem Wasserdefizit im Körper und der Körpertemperatur besteht ein enger Zusammenhang. Je größer die Flüssigkeitsverluste und je höher das Wasserdefizit, desto höher ist auch die Körpertemperatur.

Dabei schwitzen ausdauertrainierte Athleten wirksamer als Untrainierte. Das hat die angenehme Folge, daß bei den Trainierten die Körpertemperatur langsamer ansteigt als beim Untrainierten. Umgekehrt bedeutet dies,

Wassermangel in % des Körpergewichtes 1 – 5 %	6 – 10 %	11 – 20 %
Durst, Unbehagen, Bewegungseinschränkung, Appetitlosigkeit, Hautröte, Ungeduld, Schläfrigkeit, erhöhte Herzfrequenz, erhöhte Körpertemperatur, Übelkeit	Schwindelgefühl, Kopfschmerzen, Atemnot, Gehunfähigkeit, Kribbeln in den Gliedern, vermindertes Blutvolumen, erhöhte Blutkonzentration, Ausbleiben der Speichelbildung, Sprechschwierigkeiten	Delirium, Krämpfe, geschwollene Zunge, Unfähigkeit zu Schlucken, Schwerhörigkeit, verschleiertes Sehen, runzelige Haut, empfindungslose Haut, Schmerzen beim Harnlassen

Tab. 16: Symptome des Wassermangels
Die Zahlen und Symptome geben Anhaltspunkte. Sie eignen sich nicht zur Bestimmung der absoluten Grenze eines erlaubten Wassermangels, da es eine Vielzahl von Einflußgrößen auf noch tolerierbare Flüssigkeitsverluste gibt. Grenzwerte sind vom Individuum und von der Umgebungssituation abhängig.

daß bei weniger Trainierten oder bei Sportbeginnern die Körpertemperatur stärker und schneller ansteigt.

Gerade die unterschiedliche Schwitzfähigkeit und Schweißproduktion von trainierten und untrainierten Menschen besitzt für die Sportpraxis eine wichtige Bedeutung. Dies gilt vor allem bei Volksläufen oder anderen Sport-Veranstaltungen, bei denen vom Trainingszustand her sehr unterschiedlich vorbereitete Aktive teilnehmen. Während beispielsweise ein gut trainierter Läufer einen Volkslauf problemlos ohne Flüssigkeitszufuhr durchstehen kann, könnte einem Untrainierten im selben Wettkampf bei gleichem Verhalten ein Hitzschlag drohen. Es spielt hier praktisch keine Rolle, daß der gute Athlet das Rennen in einer höheren Geschwindigkeit läuft. Beobachtungen bei Volksläufen zeigen, daß bei kritischen Wetterverhältnissen fast nur Teilnehmer wegen Hitzeschlägen ins Krankenhaus eingewiesen werden müssen, die erst 2 – 3 Monate vor dem Ereignis mit dem Training begannen. Eine gute

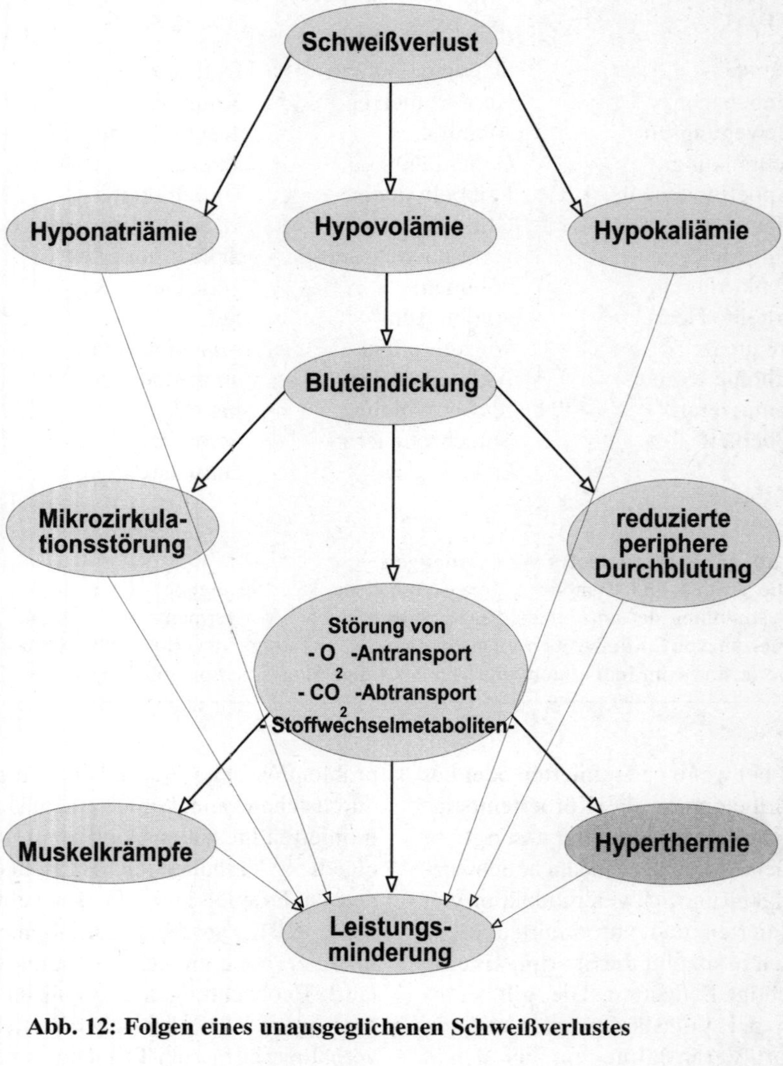

Abb. 12: Folgen eines unausgeglichenen Schweißverlustes

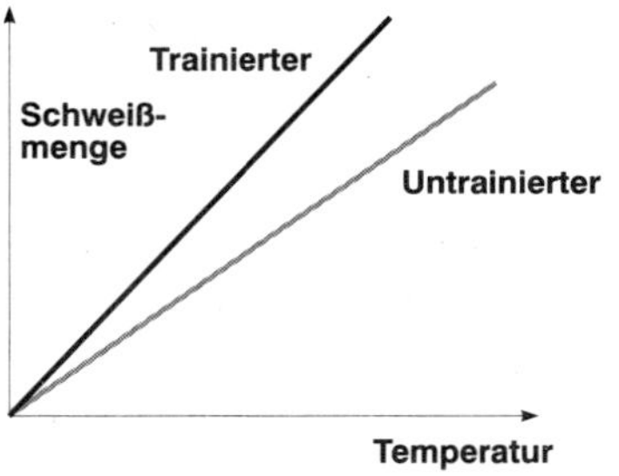

Abb. 13: Vergleich Schweißproduktion Trainierter und Untrainierter

Leistung allein garantiert dabei keinen Schutz vor einer Überhitzung, denn auch wer ohne viel Training aufgrund von Talent gute Ergebnisse erzielt, ist gefährdet. Nur ein regelmäßiges Training verbessert die Schwitzfähigkeit und die Schweißproduktion und stellt in Verbindung mit dem richtigen Trinkrhythmus eine gute Vorbeugung gegen einen Hitzekollaps dar.

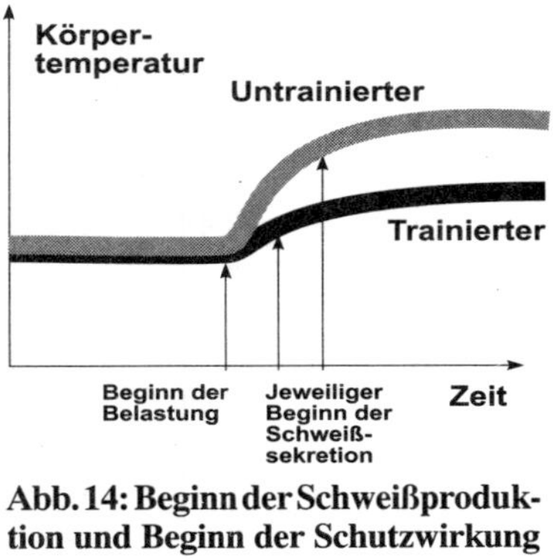

Abb. 14: Beginn der Schweißproduktion und Beginn der Schutzwirkung

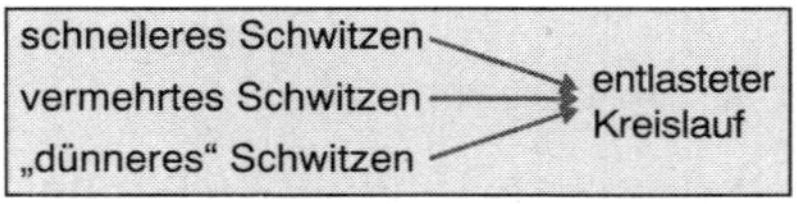

Mit dem Körperschweiß werden auch Elektrolyte (Mineralstoffe und Spurenelemente) ausgeschieden. Das Ausmaß des Mineralstoff- und Spurenelementeverlustes hängt von einer Reihe von Faktoren ab. Bei starker Schweißproduktion, zum Beispiel bei Aktivitäten im heißen Klima, werden einige Mineralstoffe, zum Beispiel Natrium, in größeren Mengen ausgeschieden. Gut trainierte Personen entwickeln daher die Fähigkeit, die Menge der mit dem Schweiß ausgeschiedenen Mineralstoffe zu reduzieren. So ist zum Beispiel die Konzentration von Natrium im Schweiß bei Untrainierten oder Sportbeginnern höher als im Schweiß von gut trainierten Sportlern.

Die Mineralstoff- und Spurenelementezusammensetzung von passiv ausgeschiedenem Schweiß, zum Beispiel in der Sauna, unterscheidet sich nur geringfügig vom Schweiß, der durch körperliche Aktivität verursacht wird.

Große Unterschiede in bezug auf die Zusammensetzung gibt es jedoch zwischen den Schweißabsonderungen der einzelnen Körperregionen. So enthält zum Beispiel der Schweiß vom Unterarm viel mehr Kalium als der Schweiß vom Rücken. Ein brauchbares Gesamtbild läßt sich nur durch die Gewinnung des Ganzkörperschweißes erstellen.

Trainingsauswirkung	physiologischer Effekt
verbesserte Hautdurchblutung	Transport der metabolischen Wärme aus dem Körperinneren zur Körperschale
bessere Blutverteilung	angemessene Zirkulation zu Haut und Muskeln für die metabol. und therm. Anforderung -> größere Blutdruckstabilität während des Trainings
geringere Wärmeschwelle für die Schweißsekretion	Kühlung durch den Schweiß beginnt schneller -> niedrigere Endtemperatur
bessere Schweißverteilung über die Hautoberfläche	optimale Nutzung effektiver Oberfläche zur Verdunstung
höhere Schweißrate	maximierte Verdunstung
geringere Elektrolytkonzentration des Schweißes	verdünnter Schweiß bewahrt die Elektrolyte in der extrazellulären Flüssigkeit

Tab. 17: Physiologische Anpassungen durch Training

Die Konzentration an Mineralstoffen und Spurenelementen im Gesamtkörperschweiß ist bei Freizeitsportlern höher als im Schweiß von Hochleistungssportlern. Ebenso ist der Schweiß zu Beginn der sportlichen Tätigkeit höher konzentriert. Die Gesamtkonzentration aller Elektrolyte nimmt mit der Schweißmenge und der Dauer der sportlichen Betätigung ab. Auch wenn der Gesamt-Mineralstoffgehalt abnimmt, trifft dies bei einigen Mineralstoffen wie Natrium nicht zu. Im Gegenteil. Die Natriumkonzentration steigt mit Dauer der sportlichen Betätigung an.

Mineralstoff	mg/l	durchschnittliche Menge/l
Natrium	413 – 1.091	(752)
Chlorid	533 – 1.495	(1.014)
Kalium	121 – 225	(173)
Calcium	13 – 67	(40)
Magnesium	4 – 34	(19)

Tab. 18: Mineralstoffgehalt im Ganzkörperschweiß

Da mit dem Schweiß nicht nur Wasser, sondern ebenfalls Mineralstoffe und Spurenelemente ausgeschieden werden, führt eine mineralstoffarme oder -freie Wasserzufuhr nicht zu einer Normalisierung des Körpergewichtes. Wenn nicht genügend Mineralstoffe, zum Beispiel Natrium, im Getränk vorhanden sind, kann das getrunkene Wasser nicht im Organismus gebunden werden, und es kommt zu einer zusätzlichen Wasserausscheidung.

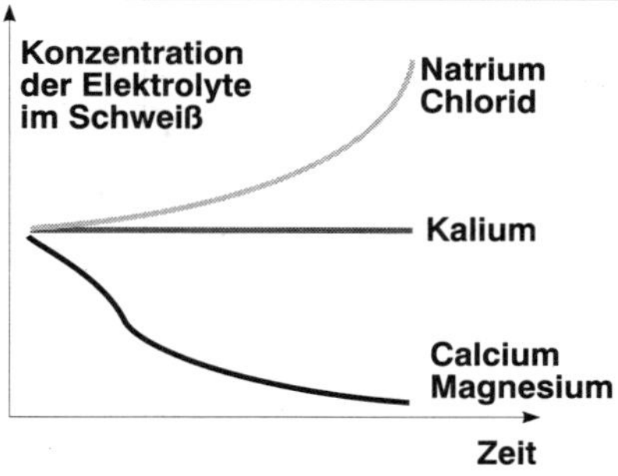

Abb. 15: Der Natrium- und der Chloridgehalt im Schweiß steigen mit Dauer der sportlichen Betätigung, da Natrium zu Beginn durch eine Pumpe aktiv rückresorbiert wird. Die Kapazität des Mechanismus ist begrenzt, wodurch das Natrium nach einiger Zeit nicht mehr aus dem Primärschweiß zurückgeholt wird, so daß die Konzentration im Schweiß im Verlauf der sportlichen Aktivität ansteigt. Chlorid folgt dem Natrium. Für Kalium ist kein Mechanismus bekannt. Bei Calcium und Magnesium ist der Mechanismus genau umgekehrt: Diese Mineralstoffe werden aktiv sekretiert. Ist die Kapazität nach einiger Zeit ausgeschöpft, wird immer weniger davon ausgeschieden, so daß der Gehalt sinkt. Bei der Auswahl des richtigen Sportgetränks zum Ausgleich der Schweißverluste sollten diese Mechanismen berücksichtigt werden.

„Alles ist Wasser"
Thales von Milet

Wasser – ein wertvoller Rohstoff

Etwa 71 % der Erdoberfläche sind von Wasser bedeckt. Das entspricht rund 1,4 Milliarden km³, davon 2,4 % auf dem Festland. Vor allem von den Ozeanen, aber auch von der Oberfläche des Festlandes steigt unter Sonneneinwirkung verdunstetes Wasser auf. Bei Abkühlung in höheren Luftschichten oder nachts kondensiert es und kehrt als Niederschlag zur Erde zurück. Dieser sammelt sich in Oberflächengewässern, die dem Meer zufließen, oder versickert im Boden.

Der Wasserkreislauf besteht seit Millionen von Jahren. Die ersten Regen der Urzeit fielen im Archaikum, vor rund 2 Milliarden Jahren. Erste Meere entstanden im Kambrium vor etwa 600 Millionen Jahren.

Stellt man sich die gesamte Wassermenge der Erde als Füllung einer Badewanne (150 l) vor, dann wären davon:

3,2 l	***das gefrorene Süßwasser der Pole und Gletscher***
1,0 l	***Grundwasser***
0,02 l	***Oberflächenwasser***
	und der Rest:
145,8 l	***Salzwasser***

97,2 % des gesamten Wasservorkommens der Erde sind Salzwasser, weitere 2,14 % liegen gefroren als Eiskappen der Pole und als Gletscher vor. Nur 0,64 % sind Süßwasser.

Deutschland ist verhältnismäßig niederschlags- und damit wasserreich.

K(l)eine wässrigen Wahrheiten über...

...Oberflächenwasser, Grundwasser, Tiefenwasser

Niederschläge fließen zu einem Teil als Oberflächenwasser auf der Erdoberfläche ab und sammeln sich dort in Rinnsälen, Bächen, Flüssen und Seen. All dieses Wasser kann heute in unserem Lebensraum nur noch in seltenen Ausnahmefällen als Trinkwasser verwendet werden. In Trinkwassergewinnungsanlagen (Wasserwerken) muß es zu Trinkwasser aufbereitet werden.

Ein Teil des Niederschlagwassers dringt in den Untergrund ein, wo es den Grundwasservorrat ergänzt; hier nehmen es z. B. die Pflanzen mit Hilfe ihrer Wurzeln zur Aufrechterhaltung ihres Wasserhaushalts auf. Bei ausreichender Filterung während der Bodenpassage kann dieses Grundwasser Trinkwasserqualität bekommen.

Tiefenwasser entstammt zum größten Teil dem Niederschlagswasser. Hinzu kommen vom Magma im Erdinneren abgegebene Wasseranteile.

Wasser, das in den tieferen Untergrund versickert, wird auf seiner Wanderung durch Erd- und Gesteinsschichten von Stoffen reingefiltert, die durch Menschenhand im oberirdischen Teil des Wasserkreislaufs ins Wasser gelangt sind, zum Beispiel Industriestäube, Nitrat, Reifenabrieb von Straßen, Verbrennungsrückstände aus der Luft. Ferner kann sich dieses Tiefenwasser mit Mineralstoffen und Spurenelementen aus der Erdkruste anreichern.

Die bekannte Lösungsfähigkeit des Wassers ist der Grund dafür, daß es beim Durchfließen des Gesteins Mineralstoffe und Spurenelemente aufnimmt. Zu den geochemischen Vorgängen gehört auch die Anreicherung mit Kohlensäure. Sie kann dem Tiefenwasser in beträchtlicher Menge durch vulkanische Vorgänge zugeführt werden. 1 Liter abgekühltes Magma setzt etwa 80 Liter Kohlensäure frei. Die Kohlensäure erhöht wiederum das Lösungsvermögen des Wassers. Das Wasser wird mineralstoffreicher.

...Quellwasser, Tafelwasser, Heilwasser

Nicht jedes Wasser, das in Flaschen verkauft wird, ist natürliches Mineralwasser. Es gibt auch sogenannte Quellwässer und Tafelwässer.

Quellwasser entstammt zwar einem unterirdischen Wasservorkommen, muß jedoch nicht das Kriterium der ursprünglichen Reinheit erfüllen und braucht keine ernährungsphysiologischen Wirkungen zu haben.

Tafelwasser wird industriell hergestellt. Es kann künstlich aus verschiedenen Wässern, zum Beispiel Trinkwasser und Mineralwasser, gemischt werden. Ihm dürfen Meerwasser, Sole, bestimmte zugelassene Zusatzstoffe sowie Kohlendioxid zugesetzt werden.

Eine Sonderstellung nimmt das Heilwasser ein. Heilwasser ist ein sogenanntes Fertigarzneimittel. Wie natürliches Mineralwasser ist es ursprünglich rein, es unterliegt jedoch dem Arzneimittelgesetz und benötigt eine amtliche Zulassung als Heilmittel. Dazu bedarf es eines Nachweises seiner therapeutischen Wirksamkeit nach den neuesten wissenschaftlichen Methoden. Es dient der Vorbeugung, Linderung und Heilung von Krankheiten. Heilwässer werden häufig bei Magenbeschwerden, Verdauungsstörungen, Appetitmangel oder bei urologischen Erkrankungen, zum Beispiel Blasenleiden, eingesetzt.

Mineralwasser

Natürliches Mineralwasser ist ein Lebensmittel und das einzige Getränk, das nach dem Gesetz „ursprünglich rein“ sein muß. Ursprünglich rein bedeutet, daß es von vor Verunreini-

Beschwerden	Heilwasser	Wirkung
Chronische Magenschleimhautentzündung	Natrium- und Calcium-Hydrogencarbonathaltige Heilwässer	Schleimhautschonung und Entzündungshemmung
Magensäureproduktion:		
– zu viel	Hydrogencarbonathaltige Heilwässer	Pufferung der überschüssigen Magensäure, Normalisierung der Säureproduktion
– zu wenig	Natrium-Chlorid- und kohlensäurehaltige Heilwässer	Anregung der Säureproduktion und Durchblutungsförderung
Funktionsstörungen von Leber, Gallenblase und Bauchspeicheldrüse	Sulfathaltige Heilwässer	Anregung und Normalisierung der Produktion und Absonderung von Galle und Verdauungssaft der Bauchspeicheldrüse, Förderung der Entleerung der Gallenblase
Chronische Stuhlverstopfung	Sulfathaltige Heilwässer	Anregung der Darmtätigkeit, Verminderung der Stuhlhärte
Diabetes mellitus (Zuckerkrankheit)	Hydrogencarbonathaltige Heilwässer	Unterstützend durch Verbesserung der Insulinwirkung und verbesserte Glykogenspeicherung
Erhöhter Blutharnsäurespiegel und Gicht	Hydrogencarbonathaltige Heilwässer	Steigerung der Harnsäureausscheidung aus dem Blut, Verbesserung der Harnsäurelöslichkeit im Harn, Vermeidung von Harnsteinbildung
Calciummangel, Knochenschwund, Allergien	Calciumhaltige Heilwässer	Ausgleich des Calciummangels, Dämpfung der allergischen Reaktion

Tab. 19: Überblick über Heilwässer und ihre Zusammensetzung und Wirkung

Beschwerden	Heilwasser	Wirkung
Magnesiummangel	Magnesiumhaltige Heilwässer	Ausgleich des Magnesiummangels
Chronische Harnsteinbildung: Calcium-Oxalsäure-steine	Heilwässer mit einem Calciumgehalt, der max. das 2,5-fache des Magnesiumgehaltes beträgt und hohem Hydrogencarbonatgehalt	Verhinderung der Oxalataufnahme im Darm durch Calcium, steinbildungshemmende Wirkung von Magnesium und Hydrogencarbonat
Harnsäuresteine, Zystin- und Xanthin-Harnsteine	Hydrogencarbonat-haltige Heilwässer	Erhöhung des pH-Wertes des Harns, Vorbeugung von Auskristallisation
Carbonat- und Phosphat-Harnsteine	Sulfathaltige Heilwässer	Senkung des pH-Wertes des Harns, Vorbeugung von Auskristallisation
Eisenmangelzustände z.B. nach Blutverlust und Infekten	Eisenhaltige Heilwässer	Ausgleich des Eisenmangels
Harnwegsinfekte	Calcium-Magnesium-Hydrogencarbonat-haltige Heilwässer	Entzündungshemmende Wirkung von Calcium und Magnesium, Neutralisierung des Entzündungsmilieus durch Hydrogencarbonat
Vorbeugung von Zahnkaries	Fluoridhaltige Heilwässer	Zahnschmelzhärtende Wirkung, Hemmung der Säurebildung von Mundbakterien

Wichtig für die Wirkung eines Heilwassers ist stets das Zusammenspiel all seiner Mineralstoffe und Spurenelemente. Auf dem Etikett jedes Heilwassers finden Sie sowohl dessen Zusammensetzung als auch eine Empfehlung zur Dosierung. Auch Ihr Arzt informiert Sie gerne.

entnommen aus: Gesundheit zum Trinken, 1992
Herausgegeben vom Verband Deutscher Heilbrunnen, Bonn

gungen geschützten Wasservorkommen stammen muß. Anthropogene, das heißt durch Menschenhand verursachte Verunreinigungen dürfen im Mineralwasser nicht vorkommen. Auch eine Aufbereitung darf natürliches Mineralwasser nicht erfahren, mit Ausnahme der Zugabe von Kohlensäure und dem Entfernen verschiedener unerwünschter natürlicher Bestandteile wie Eisen und Schwefel. Durch diese gesetzlichen Regelungen nimmt das Mineralwasser eine Sonderstellung unter allen Getränken ein.

Ferner verlangt das Gesetz von natürlichem Mineralwasser ernährungsphysiologische Wirkungen aufgrund seines geogenen, das heißt natürlichen Gehaltes an Mineralstoffen und Spurenelementen oder sonstigen natürlichen Bestandteilen.

Wie entstehen Mineralwasserquellen?

Quellen, nicht nur Mineralwasserquellen, bilden sich allgemein dort, wo die wasserführende Schicht die Erdoberfläche schneidet (Schichtquellen) oder wo durch die geologischen Gegebenheiten Grund- oder Tiefenwasser gestaut und zum Austritt gezwungen wird (Überlaufquellen).

Wasser kann in der Erdkruste auch der Schwerkraft entgegen nach oben steigen, wenn es sich erwärmt oder durch Kohlensäuredruck nach oben gepreßt wird. Durch Kluftsysteme, vornehmlich an Verwerfungsstellen der Erdkruste, kann das Wasser bis zur Oberfläche gelangen und hier austreten (Verwerfungsquellen). Steigt das Wasser infolge eines Überdrucks des Tiefenwassers auf, zum Beispiel durch den Druck der natürlichen Kohlensäure, spricht man von „artesischen Quellen“. Liegt die Wassertemperatur von Quellen über 20° C, heißen sie „Thermen“.

Reichhaltige Wasservorkommen werden durch Bohrungen erschlossen, die bis in mehrere hundert Meter Tiefe hinabreichen können. Die meisten Bohrtiefen deutscher Mineralquellen liegen bei 100 m. Nur wenige, ausgewählte Mineralwässer haben eine noch größere Tiefe. Sie können bis zu 300 und mehr Meter Tiefe betragen. Je tiefer und wärmer eine Quelle, desto mineralstoffreicher ist sie. Das Mineralwasser sprudelt dann entweder durch natürlichen Kohlensäuredruck hervor („Sprudel“), oder es wird mit Hilfe von Pumpen an die Erdoberfläche gefördert.

Mineralquellen mit mineralstoffreichem Wasser kommen in Deutschland nur in ganz bestimmten Gebieten vor. Es sind solche Gegenden, in denen im allgemeinen vor ca. 70 – 200 Millionen Jahren vulkanische Aktivitäten auftraten, zum Beispiel in der Eifel, im Ober- und Mittelrheintal, im Hessischen Bergland oder in der Südwestdeutschen Schichtstufenlandschaft. Nur hier hat das Wasser die Möglichkeit, über Kluftsysteme viele verschiedene Gesteinsschichten zu durchlaufen und dabei in größeren

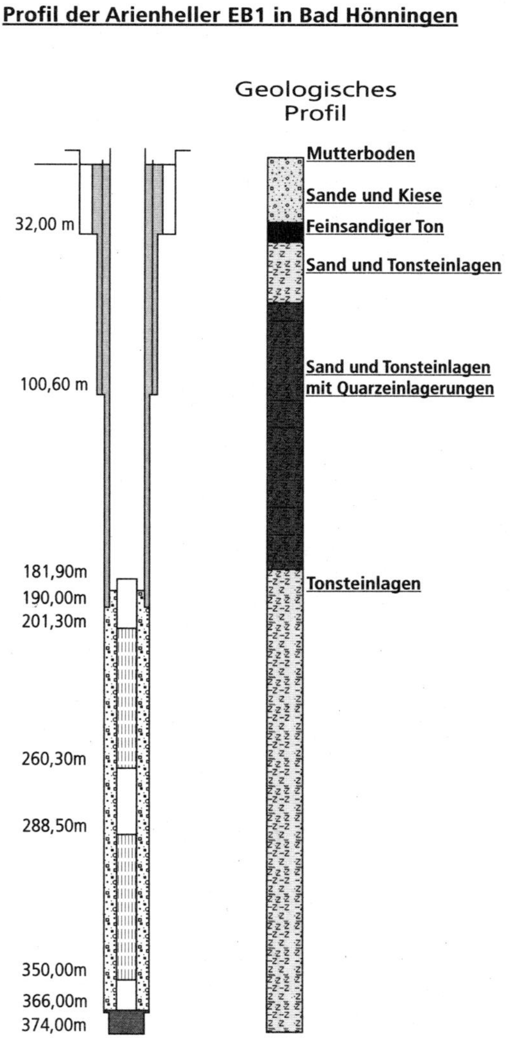

Abb. 16: Querschnitt durch eine Mineralwasserquelle am Beispiel der Arienheller Quelle in Bad Hönningen

Mengen Mineralstoffe und Spurenelemente aufzunehmen. So liegt zum Beispiel das einige tausend Jahre alte Mineralwasser der Arienheller Quelle unter einer mächtigen Tonschicht von über 100 m vollkommen geschützt in großer Tiefe. Entsprechend der Gesteinsschichten haben sich die Wässer unterschiedlich mit Mineralstoffen und Spurenelementen angereichert.

Aber auch in anderen Gebieten können Mineralwasserquellen liegen. Da hier jedoch die geologischen Bedingungen für eine Anreicherung mit Mineralstoffen und Spurenelementen anders sind, enthalten diese Wässer andere Mengen an Mineralstoffen.

Amtliche Anerkennung

Die ursprüngliche Reinheit jedes Mineralwassers wird durch ein umfangreiches behördliches Verfahren überprüft. Die rund 200 verschiedenen Untersuchungen umfassen geologische und hydrologische sowie chemische und mikrobiologische Prüfungen.

Bei der Begutachtung der ernährungsphysiologischen Wirkungen geht man erfahrungsgemäß davon aus, daß ein Wasser mit mehr als 1.000 mg (=1 g) pro Liter gelöster fester Bestandteile ernährungsphysiologisch günstige Wirkungen besitzt. Wenn diese Mindestmengen an gelösten Bestandteilen wie Mineralstoffe oder Spurenelemente im Wasser nicht enthalten sind, muß nach dem Gesetz das Mineralwasser die ernährungsphysiologischen Wirkungen durch wissenschaftliche Gutachten nachweisen.

Nur wenn alle Untersuchungen zu einwandfreien Ergebnissen gelangen, wird die sogenannte „amtliche Anerkennung" erteilt. Mit ihr wird die ursprüngliche Reinheit eines natürlichen Mineralwassers dokumentiert und die ernährungsphysiologisch günstige Wirkung bestätigt. Natürliches Mineralwasser ist das einzige Lebensmittel in Deutschland, das amtlich anerkannt werden muß.

Leider ist es heute so, daß mineralstoffarme Wässer die amtliche Anerkennung durch Nachweis der ernährungsphysiologischen Wirkung allein mit der Begründung erhalten, daß die-

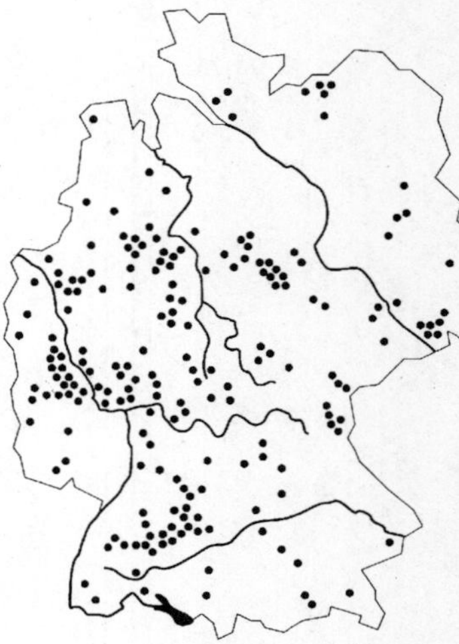

Abb. 17: Mineralwasserquellen und Mineralbrunnenbetriebe in Deutschland

ses Wasser arm an Natrium ist. Diese Praxis dürfte nicht im Sinne des Gesetzgebers sein und ist auch schon gerichtlich beanstandet worden. Sie leistet einen Beitrag zur Desinformation des Verbrauchers.

Im Gegensatz zum Deutschen Lebensmittelgesetz enthält die Schweizer Lebensmittelverordnung auch eine Verordnung, wann ein Produkt als Ergänzungs- oder Zusatznahrung für Sportler geeignet ist. In diesem Paragraphen heißt es: Eine Nahrung gilt als Ergänzungs- oder Zusatznahrung, wenn sie die normale Ernährung derart ergänzt, daß besondere ernährungsphysiologische Bedürfnisse gedeckt werden können. Dabei müssen elektrolythaltige Produkte neben gut resorbierbaren Kohlenhydraten die wichtigsten im Schweiß vorhandenen Elektrolyte (Mengen- und Spurenelemente) enthalten. Zu den wichtigsten Mineralstoffen im Schweiß gehört zum Beispiel Natrium. Ein natriumarmes Getränk wäre somit in der Schweiz als Sport-Nahrungsmittel nicht zugelassen.

Auch in Österreich gibt es eine gesetzliche Regelung für Sportgetränke. Hier ist festgelegt, daß diese Getränke die gleiche Osmolarität wie das menschliche Blutplasma und mindestens 1.000 mg Mineralstoffe pro Liter aufweisen müssen. Daneben sind Gehaltsbereiche für Natrium, Kalium, Calcium, Magnesium und Chlorid vorgesehen.

Nutzungsgenehmigung

Um sicherzustellen, daß das Mineralwasser unverfälscht, das heißt ursprünglich rein und unverändert in seinen charakteristischen Eigenschaften zum Verbraucher gelangt, wird der Abfüllbetrieb in einem weiteren behördlichen Untersuchungsverfahren überprüft. Von der Quellfassung angefangen müssen alle Rohrleitungen, Wassertanks und Abfüllmaschinen so beschaffen sein, daß eine Veränderung des Mineralwassers während der Abfüllung ausgeschlossen ist. Deshalb muß auch die Betriebshygiene höchsten Ansprüchen genügen.

Die Mineralwasser-Analyse – die Visitenkarte des Wassers

Jedes natürliche Mineralwasser muß einen Hinweis auf seine Zusammensetzung tragen. Dies kann entweder geschehen durch den Aufdruck „Zusammensetzung entsprechend den Ergebnissen der amtlich anerkannten Analyse vom ...“ (Tag der Analyse) oder die Angabe der Zusammensetzung unter Nennung der charakteristischen Bestandteile (Analysenauszug).

Bei dieser zweiten Möglichkeit werden die Mineralstoffgruppen meist in Kationen und Anionen eingruppiert. Mineralsalze zerfallen im Wasser in einzelne Bestandteile, die man Ionen (griechisch: Wandernde) nennt. Diese Ionen sind elektrisch geladen. Kationen sind positiv geladene Teilchen, die durch ein „+“ gekennzeich-

Mineral- und Heilwässer	Natrium	Calcium	Magnesium	Kalium	Chlorid	Sulfat	Hydrogen-carbonat	Eisen	Summe [g/l]
Appolinaris	505,0	94,3	115,3	29,4	168,2	128,0	1806,0	–	2,84
Arienheller Brunnen	619,6	66,5	91,0	29,0	294,7	107,1	1701,0	–	2,90
B. Mergenth. Karlsquelle	3886,0	711,4	370,7	102,7	4927,0	3877,0	1159,0	ja	15,03
B. Neuenahrer Heilwasser	300,0	78,4	87,9	24,0	61,5	65,3	1342,0	ja	1,96
B. Wild Hellenen Quelle	724,0	312,0	244,5	15,1	608,4	22,1	3068,0	ja	4,99
Bad Vilbeler Urquelle	97,0	126,1	20,7	17,5	69,3	31,9	613,2	–	0,97
Brohler Stille Quelle	592,0	87,3	106,0	20,1	298,0	103,0	1763,0	–	2,97
Contrex	7,5	471,0	85,0	3,1	7,2	1202,0	373,3	–	2,14
Dunarisbrunnen	588,5	77,7	101,4	23,1	69,7	62,5	2165,0	ja	3,09
Elisabethen Quelle	496,7	465,2	102,1	28,0	709,8	1085,0	752,3	–	3,64
Evian	5,6	79,9	25,7	1,0	3,6	11,0	365,0	–	0,49
Friedrich Chr. Heilquelle	471,0	175,0	63,5	17,3	553,5	29,8	1161,0	–	2,47
Gerolsteiner	128,2	363,7	112,5	11,9	38,9	33,7	1917,0	–	2,60
Hassia	226,9	209,0	38,1	21,2	132,4	27,8	1192,0	–	1,84
Heppinger	856,0	115,9	164,8	52,7	244,7	188,0	2891,0	ja	4,51
Hessen-Quelle	347,0	263,0	46,9	34,8	314,0	49,0	1416,0	–	2,43
Hirschquelle	220,0	216,5	36,5	15,5	32,2	80,5	1314,0	ja	1,91
Hubertus-Sprudel	756,2	72,1	114,6	36,2	396,6	173,2	1954,0	–	3,44
Kaiser-Friedrich-Quelle	1021,0	131,0	91,0	33,0	942,0	344,0	1336,0	ja	4,11
Kaiser Ruprecht Heilquelle	581,0	74,8	36,1	10,0	398,1	314,1	884,1	ja	2,30

Angaben der gelösten Mineralstoffe in mg/l

Mineral- und Heilwässer	Natrium	Calcium	Magnesium	Kalium	Chlorid	Sulfat	Hydrogen-carbonat	Eisen	Summe [g/l]
Kurselters	826,2	95,3	39,8	18,4	788,3	20,2	1327,0	ja	3,12
Luisenbrunnen	265,0	369,0	53,0	21,0	379,0	39,0	1443,0	–	2,56
Neuselters	148,1	118,7	26,2	7,1	131,7	15,1	650,0	–	1,09
Perrier	14,0	140,2	3,5	1,0	30,9	51,4	347,7	–	0,58
Reginaris	291,5	198,2	120,4	16,8	32,4	38,2	1974,0	–	2,67
Rhenser	530,0	75,0	38,0	10,9	377,0	306,0	805,0	–	2,14
Römerquelle	15,2	171,1	77,9	2,1	4,5	397,5	442,7	–	1,12
Rosbacher Gloria Quelle	9,0	93,0	16,0	1,4	8,6	6,0	368,0	ja	0,50
Rosbacher Ur-Quelle	39,9	261,6	131,4	–	48,4	–	1442,0	–	1,88
S. Pellegrino	41,5	207,0	59,3	2,7	70,9	547,0	227,0	ja	1,15
Selters (Lahn)	368,0	156,0	51,7	15,6	359,0	15,6	1098,0	–	2,06
Selters (Taunus)	1060,0	106,0	42,0	23,7	1124,0	28,6	1428,0	–	3,81
Spa Reine	2,5	3,3	1,3	0,5	2,7	5,0	10,6	–	0,02
St. Gero	174,7	407,3	120,5	14,1	72,3	37,9	2161,0	ja	2,99
Staatl. Fachingen	602,0	122,0	53,2	28,1	150,7	65,5	1950,0	ja	2,97
Überkinger	1015,0	56,1	21,9	17,8	88,6	1111,0	1446,0	–	3,75
Weyher Mineralbrunnen	469	109	49,6	23	858	1790	146	–	1,86
Vittel	3,0	202,0	36,0	–	–	306,0	402,0	–	0,94
Volvic	8,0	10,4	6,0	5,4	7,5	6,7	64,0	–	0,1

Tab 20: Verschiedene Mineral- und Heilwässer im Vergleich, Angaben der gelösten Mineralstoffe in mg/l
Quelle: M. Strick, Mineralwasser und Heilwasser, Heyne Verlag, Herstellerangaben

net sind. Anionen sind negativ geladene Teilchen, die durch ein „–“ gekennzeichnet sind.

Für die Zubereitung von Säuglingsnahrung gilt, daß der Gehalt an Natrium 20 mg/l, an Nitrat 10 mg/l, an Nitrit 0,02 mg/l und an Fluorid 1,5 mg/l nicht übersteigen darf. Diese Grenzwerte gelten aber nur für den Säugling. Da Säuglinge und Kleinkinder keine kleinen Erwachsenen sind, kann man diese Grenzwerte nicht einfach auf Erwachsene übertragen. Hier haben eher Mindestanforderungen an den Gehalt von wertvollen Mineralstoffen ihre Bedeutung statt Maximalwert-Angaben.

Umweltschutz durch Mehrweg

Durch das Mehrwegsystem der Brunnenbetriebe werden 95 % des Gesamtabsatzes der Brunnen vermarktet. Die Rücklaufquote der Flaschen liegt bei etwa 99 %. Bis zu fünfzigmal gehen die Flaschen zum Verbraucher und kommen zur Neuabfüllung zu-

Die wichtigsten Kationen und Anionen in natürlichen Mineral- und Heilwässern

Kation	**Abkürzung**
Natrium	Na^{+}
Kalium	K^{+}
Magnesium	Mg^{2+}
Calcium	Ca^{2+}
Eisen	Fe^{2+} (oder Fe^{3+})

Anion	**Abkürzung**
Chlorid	Cl^{-}
Fluorid	F^{-}
Jodid	J^{-}
Sulfat	SO^{2-}
Hydrogencarbonat	HCO_3^{-}

Die Kennzeichnungsvorschrift für Mineralwässer legt auch fest, wann auf dem Etikett ein besonderer Verwendungszweck oder eine bestimmte Zusammensetzung hervorgehoben werden darf:

hydrogencarbonathaltig:
Der Hydrogencarbonatgehalt beträgt mehr als 600 mg/l.

sulfathaltig:
Der Sulfatgehalt beträgt mehr als 200 mg/l.

chloridhaltig:
Der Chloridgehalt beträgt mehr als 200 mg/l.

calciumhaltig:
Der Calciumgehalt beträgt mehr als 50 mg/l.

magnesiumhaltig:
Der Magnesiumgehalt beträgt mehr als 50 mg/l.

fluoridhaltig:
Der Fluoridgehalt beträgt mehr als 1 mg/l.

eisenhaltig:
Der Gehalt an zweiwertigen Eisen beträgt mehr als 1 mg/l.

natriumhaltig:
Der Natriumgehalt beträgt mehr als 200 mg/l.

rück. Aus ökologischer Sicht ist dieses einheitliche Mehrwegsystem sehr zu begrüßen.

● Tip: Bei leeren Mineralwasserflaschen den Verschluß wieder aufschrauben. Der Verschluß schützt den Flaschenkopf und das Verschlußgewinde auf dem Rücktransport zum Mineralbrunnen. Außerdem kommen über die Verschlüsse jährlich über 7000 Tonnen Aluminium zum Recycling. Auch die Verschlüsse aus Kunststoff werden aussortiert und recycelt.

Der Mythos vom Zaubertrank

Isotonische Sportgetränke: Sinn und Unsinn

Der Mythos vom Zaubertrank, der Glaube an Wunderwirkungen bestimmter Getränke und Inhaltsstoffe wie Vitamine und Mineralstoffe ist nicht nur bei den Sportlern weit verbreitet. In den Comics von Superman und Asterix und Obelix wird diese Vorstellung Realität. Wenn der berühmte Zaubertrank getrunken wurde, konnten die römischen Legionäre sich auf etwas gefaßt machen. Hinkelsteine wurden meilenweit geworfen, davonjagende Pferdegespanne entsetzter römischer Krieger gleich einem rasenden Blitz überspurtet.

Die Zusammensetzung von speziellen Sportgetränken ist so unterschiedlich wie die Zusammensetzung der natürlichen Mineralwässer. Kaum ein Sportgetränk gleicht in der Zusammensetzung von Mineralstoffen, Vitaminen und Kohlenhydraten dem anderen. Die Schwankungen reichen zum Beispiel von 94 mg bis 588 mg Kalium oder von 44 bis 480 mg Magnesium je Liter.

Die Vitaminzusätze in diesen Getränken sind häufig nur Verkaufsargumente, denn die Vitaminverluste über den Schweiß sind sehr gering. Außerdem führt eine Vitaminzufuhr über den tatsächlichen Bedarf hinaus zu keiner Leistungssteigerung.

Auch in der Osmolarität unterscheiden sich die Sportgetränke sehr. Es gibt sowohl hypo-, iso- als auch hypertone Sportgetränke. Wie unterschiedlich konzentrierte Getränke wirken, wird am Beispiel eines „Frankfurter Würstchens“ deutlich: Der Salzgehalt der Würstchen ist im Vergleich zum Kochwasser sehr hoch. Wenn die Würstchen nun im Wasser erhitzt werden, streben die Mineralstoffe und die Flüssigkeit nach einem Konzentrationsausgleich, nach Isotonie. Da die Mineralstoffe nicht durch die Wursthaut gelangen können, dringt Wasser in die Wurst ein, bis die Würstchen platzen. Sinnvollerweise werden sie deshalb in einer Flüssigkeit erhitzt, die ungefähr die gleiche Konzentration hat, zum Beispiel in der Salzlauge aus der Dose. Der Mechanismus des Konzentrationsausgleichs wird auch im Organismus angewendet. Werden zu stark konzentrierte Getränke während der

Sport-getränke	Natrium	Calcium	Magnesium	Kalium	Chlorid	Energie kcal/kJ
Aldi Isofruit	556	80	40	120	320	310/1300
Basica Sport	500	200	120	400	–	210/880
Cefrisch Isotonic (90 g/l)	100	102	300	120	154	344/1450
Christinen Brunnen Isosport	682	80	44	120	106	304/1280
deit Sport Iso	–	100	50	300	–	180/740
Fitlike Mineral-Energie	60	120	180	324	–	214/890
Gatorade	410	–	70	117	390	240/1000
Inko Sport-Mineral light (32 g/l)	560	40	48	390	218	100/420
Isostar Optimal Struktur	400	120	72	176	390	270/1140
Liptonice sports	450	–	60	350	–	210/880
Maizena Dextro Energen	–	550	220	680	–	420/1750
Müller R'activ orange	–	640	200	2700	–	159/669
Sport Aquarius	232	196	460	580	–	188/788
Sporting Isolyt plus	520	80	44	116	560	340/1430

Alle Angaben, soweit nicht anders angegeben, in mg/l; – = keine Angaben)
Tab. 21: Mineral– und Spurenelementgehalt von Sportgetränken
Quelle: Sport special– Condition 4/91 sowie Herstellerangaben

sportlichen Tätigkeit aufgenommen, strömt Wasser aus dem Körper in den Magen und Darm, um das Getränk auf die gleiche Konzentration, auf Isotonie, zu bringen. Aber auch Sport-Getränke mit einer isotonischen Konzentration sind während des Sportes nicht unumstritten, da die Schweißverluste im Vergleich zum Blut hypoton sind. Das bedeutet, daß mehr Wasser als Mineralstoffe ausgeschieden wird.

Deshalb sollte das Sportgetränk insbesondere für sportliche Aktionen bis zu 60 Minuten in erster Linie Wasser liefern. Diese Getränke sind hypoton. Hierzu zählen zum Beispiel Mineral- und Heilwässer.

Kochsalztabletten sind wegen ihrer einseitig hohen Mineralstoffkonzentrationen schon lange „out" und behindern genau wie stark hypertone Getränke den Flüssigkeitsersatz, weil sie im Magen zunächst Wasser binden.

Den handelsüblichen Sportgetränken dürfen entsprechend der Gesetzesvorschriften keine Spurenelemente wie Eisen zugesetzt werden. Spurenelemente werden mit dem Schweiß aber ebenfalls ausgeschieden, so daß die handelsüblichen Sportgetränke keinen vollständigen Verlustausgleich leisten können.

Die Eignung einer Sport-Schorle als Ausgleich von Schweißverlusten ist mit abhängig vom verwendeten Mineralwasser (siehe Tabelle 22 auf der folgenden Seite).

Auch unter ökologischen Gesichtspunkten schneiden Sportgetränke in Aluminiumdosen nicht sehr gut ab.

Sport-Schorlen	Natrium (in mg)	Kalium (in mg)	Magnesium (in mg)	Calcium (in mg)	Eisen (in mg)	Hydrogencarbonat (in mg)
zum Vergleich:						
Schweiß (ø)	**752**	**173**	**20**	**40**	**1**	**500**
Mineralwasser-Apfelschorlen im Verhältnis 3:1						
Apollinaris-Schorle	384	294	96	88	0,75	1354
Contrex-Schorle	11	275	74	371	0,75	280
Fachinger-Schorle	456	294	50	109	0,75	1462
Hassia-Schorle	175	288	38	174	0,75	894
Kaiser Friedrich-Schorle	770	290	80	115	0,75	1170
Neuselters-Schorle	116	277	30	106	0,75	487
Perrier-Schorle	15	273	13	123	0,75	261
Rosbacher-Schorle	35	272	108	214	0,75	1081
Überkinger-Schorle	766	285	26	59	0,75	1084
Vittel-Schorle	7	272	37	169	0,75	301
Volvic-Schorle	11	276	14	25	0,75	48
Apfelsaft	**20**	**1090**	**40**	**70**	**3**	**–**

Tab. 22: Vergleich von Apfelsaftschorlen (3 Teile Mineralwasser/1 Teil Apfelsaft) abhängig vom verwendeten Mineralwasser, Angaben in mg/l

Quellen: Mineralwasserwerte: M. Strick, Mineralwasser und Heilwasser, Heyne-Verlag, Apfelsaftwerte nach Elmadfa et al., GU-Nährwerttabelle, sowie Hersteller- bzw. Abfüllerangaben.

Getränk	Osmolarität [mmol/kg]
Heilwässer	53 – 218
Mineralwässer	4 – 123
Fruchtsäfte	600 – 1300
Nektare	550 – 820
Diät-Nektare	160 – 370
Limonaden	400 – 700
Diät-Limonaden	80 – 120
Brausen	25 – 60
Fruchtsaftgetränke	600 – 740
Diät-Fruchtsaftgetränke	100 – 180
Sportgetränke	
Aldi Iso Fruit	288
Cefrisch Isotonic 45 g auf 500 ml	297
Christinen Brunnen Isosport	330
Gatorade Grapefruit	425
Gatorade Citrus	384
Isostar light	270
Isostar Optimal Struktur	297
Kajos Frucht Iso	264
Liptonice Sports	290
Maizena Dextro-Energen	351
Müller R'activ orange	273
Müller R'activ tropic	375
Red Bull Energy Drink	900
Sauer Isolavit	295
Sports Aquarius	250
Wander Sport perform high energy	444
Alkohlfreie, deutsche Biere	
Untergäriges Einfachbier	ø 155
Untergäriges Schankbier	ø 286
Untergäriges Pilsener	ø 223
Vollbier	
Obergäriges hefefreies Weizeneinfachbier	ø 155
Obergäriges hefefreies Weizenschankbier	ø 302
Obergäriges hefehaltiges Weizenvollbier	ø 222
Obergäriges Altvollbier	ø 209
Obergäriges Kölschvollbier	ø 239
Sonstige Getränke	
Destilliertes Wasser	0
Freisinger Leitungswasser	12
Kakaotrunk *(Sportomil Milchmischgetränk, Rottaler Milchwerk, Karpfham)*	478
Kanne Brottrunk	284
Frischli Yo-Drink *(Diät-Trinkjoghurt, Frischli Milchwerke)*	455
Winzer Schorle *(51 % Weißwein, 49 % Mineralwasser)*	1200
Sekt *(Carsten SC)*	2740
Vollmilch (*im Fettgehalt naturbelassen, mind. 3,8 %)*	272
Kaffee *(Dallmayr prodomo, 1 Meßlöffel Pulver = 4 g auf 270 ml Leitungswasser, ungesüßt und ohne Milch)*	46
Radler (*50 % helles untergäriges Bier, 50 % Limonade)*	810
Russen *(50 % hefefreies Weizenvollbier und 50 % Limonade)*	805

Tab. 23: Osmolarität ausgewählter Getränke

Quelle: Piendl, A., Getränkeverzehr und sportliche Leistung; 7. Teil, Über den osmotischen Druck von Getränken, Getränkegroßhandel 11 – 12/89, Herstellerangaben

„Grau, treuer Freund, ist alle Theorie und grün des Lebens goldener Baum“
Goethe, Faust

Das erfolgreiche Trinkkonzept

Richtiges Trinken muß wieder erlernt werden

Innerhalb von 15 – 16 Tagen wird das gesamte Körperwasser erneuert. Deshalb muß in dieser Zeitspanne auch die entsprechende Menge Flüssigkeit aufgenommen werden.

Der tägliche Wasserbedarf, ohne Schwitzen, liegt bei 2,4 Litern, wovon 1,5 Liter mit Getränken aufgenommen werden müssen. Der Ausgleich von zusätzlichen Schweißverlusten ist in dieser Menge nicht enthalten. 1,5 Liter stellen somit einen Minimum-Wert dar.

Im Gegensatz zu den meisten Säugetieren gleicht der Mensch sein Wasserdefizit nicht vollständig aus. Er hört auf zu trinken, bevor er die gesamte ausgeschiedene Flüssigkeitsmenge wieder aufgenommen hat. Dabei ist das Wasserdefizit um so höher, je mehr geschwitzt wurde.

Trinken, bevor der Durst kommt

Um einem Wasserdefizit vorzubeugen, ist es wichtig, das richtige Trinken wieder zu erlernen. Das beste Beispiel für das richtige Trinken liefern Neugeborene. Hier erfolgt die Flüssigkeitsaufnahme im 2-Stunden-Takt. Und dieser von der Natur vorgegebene Rhythmus sollte auch in späteren Jahren beibehalten werden.

Im Gegensatz zum Hungergefühl wird im Laufe eines Lebens das Durstgefühl von vielen Menschen unterdrückt. Viele Menschen haben verlernt, das Durstgefühl rechtzeitig zu verspüren. Der Organismus hat sich – mehr schlecht als recht – an eine zu geringe Flüssigkeitszufuhr angepaßt.

Mit drei Schritten zum Erfolg

Was über mehrere Jahre verlernt wurde, kann nicht innerhalb weniger Tage neu erlernt werden. Nur Schritt für Schritt kann das gesteckte Ziel einer ausreichenden Flüssigkeitszufuhr und ein verbessertes Durstempfinden erreicht werden.

Die Kontrolle

Wenn Sie Ihre täglich notwendige Trinkmenge im Tagesrhythmus integriert haben, sollten Sie alle 3 – 4 Monate erneut Ihre Trinkgewohnheiten und Trinkmengen kontrollieren. Wie der regelmäßige Gang zur Personenwaage zur Überprüfung des Körpergewichtes ist auch die quartalsmäßige (alle 3 Monate) Selbstkontrolle des Trinkverhaltens und der Trinkmenge der beste Weg, Abweichungen schnellstmöglich festzustellen und kleine notwenige Korrekturen vorzunehmen.

Der 1. Schritt:
Bestimmen Sie Ihre tatsächliche Flüssigkeitsaufnahme schwarz auf weiß. Führen Sie 7 Tage Buch über Ihr Trinkverhalten und Ihre Trinkmenge.

Der 2. Schritt
Bestimmen Sie Ihre notwendige zusätzliche Mindest-Trinkmenge:

empfohlene Zufuhrmenge	1,5 l
+ Schweißverluste (= ½ – 1 Stunde Sport)	0,6 l
	2,1 l
– bisherige Trinkmenge	0,9 l
täglich notwendige zusätzliche Trinkmenge	1,2 l

Der 3. Schritt
Erhöhen Sie wöchentlich Ihre Ziel-Trinkmenge um täglich 1 – 2 Gläser (0,2 – 0,4 Liter) mineralstoffreiches Mineralwasser.

Beispiel: Ermittelte tägliche Trinkmenge: 0,9 Liter

Zielformulierung der 1. Woche:
Im Tagesrhythmus täglich 0,4 Liter mineralstoffreiches Mineralwasser zusätzlich trinken 0,4 l

tägliche Trinkmenge der 1. „Trink-Lern-Woche“ 1,3 l

Zielformulierung der 2. Woche:
Im Tagesrhythmus täglich 0,4 Liter mineralstoffreiches Mineralwasser zusätzlich trinken 0,4 l

tägliche Trinkmenge der 2. „Trink-Lern-Woche“ 1,7 l

Zielformulierung der 3. Woche
Im Tagesrhythmus täglich 0,4 Liter zusätzlich trinken 0,4 l

tägliche Trinkmenge der 3. „Trink-Lern-Woche“ 2,1 l

Name: *Rudi Radler* **Ziel:** *2,5 l*

Datum	Uhrzeit	Menge	Getränk	Ort
19.3.	*8.00*	*0,3 l*	*Tee*	*Zuhause*
	10.00	*0,2 l*	*Fruchtsaft*	*Büro*
	12 - 15.00	*0,7 l*	*Mineralwasser*	*Büro*
	18 - 22.00	*0,5 l*	*Saft-Schorle*	*Zuhause*
	20.00	*0,2 l*	*Wein*	*Zuhause*

Tagesbilanz *1,9 l* **fehlen noch** *0,6 l*

Das richtige Trinken im Sport

Die subjektive Einstellung der Sportler zum Trinken während schweißfordernder Belastung ist sehr unterschiedlich. Sätze wie „Trinken macht schlapp" oder „Trinken, ein Zeichen von Schwäche" waren vor zwei Jahrzehnten im Sport noch gang und gäbe. Wie sie zustande gekommen sind, ist ungewiß. Jedenfalls gibt es für eine solche Auffassung keine wissenschaftliche Begründung, und sie ist heute auch in den Kreisen der Trainer und Sportler überwunden. Es gibt jedoch auch gegenwärtig noch vereinzelt Sportler, die das Trinken während der Belastung ablehnen. So wird zum Beispiel die Flüssigkeitsaufnahme verweigert, weil der Schweiß dann verstärkt von der Stirn in die Augen läuft und dort brennt. Solche Einstellungen bilden aber heute doch eine Ausnahme. Nahezu alle Sportler sind von sich aus daran interessiert, das verlorene Flüssigkeitsvolumen entsprechend ihrer Durstempfindung zu ersetzen. Viele Sportler äußern spontan, daß sie spüren, wie sich die Leistungsfähigkeit nach dem Trinken verbessert und wie die Bewegungen für einen gewissen Zeitraum leichter fallen.

Neben individuellem Geschmack bestimmen Zusammensetzung und mögliche Trinkmenge die Wahl des richtigen Sportgetränks. Was und wieviel vor, während und nach einer sportlichen Betätigung getrunken werden sollte, hängt zudem von der Art und Dauer der Sportart ab. Außerdem beeinflussen Umgebungsbedingungen wie Kälte, Hitze, Höhe oder Kleidung das richtige Trinkverhalten.

Über den Durst trinken

Die Menge der aufzunehmenden Flüssigkeit richtet sich in der Praxis meist nach dem Durstempfinden. Bei sportlicher Betätigung reicht freiwilliges Trinken, das durch den Durst gesteuert wird, nicht aus, den Wasserverlust vollständig zu ersetzen.

Hierin unterscheiden sich Menschen von zahlreichen Tieren. Hunde, die bei der Wärmeregulation allerdings kaum Mineralien abgeben, rehydrieren bei genügendem Flüssigkeitsangebot stets vollständig. Auch ist bei ihnen nach Flüssigkeitsentzug die Rehydration abgekürzt.

Bei zu hohem Flüssigkeitsersatz treten keine negativen Auswirkungen auf die Leistungsfähigkeit auf. Ein Trinken über den Durst und über den Bedarf fördert sogar beim Hitze-

Es ist ein Fehlschluß, anzunehmen, daß sich ein Wasserverlust günstig auf die sportliche Leistung auswirken könnte, da weniger Masse zu transportieren sei. Der Vorteil des geringeren Gewichtes wird durch die ungünstigen physiologischen Reaktionen überlagert.

streß die Leistungsfähigkeit. Es sollte bei starkem Schweißverlust also bewußt viel getrunken werden.

Richtig trinken vor dem Wettkampf

Im Normalfall benötigt der Athlet in der letzten Stunde vor dem Start keine Getränkezufuhr. Normalfall heißt, daß z. B. keine höheren Temperaturen und plötzliche Wärmeeinbrüche vorkommen oder keine ausgedehnten Aufwärmprogramme durchgeführt werden. Die angesprochenen Ausnahmefälle verlangen hingegen eine Getränkeaufnahme, damit sich die Aktiven beim Start nicht in einem entwässerten Zustand befinden. In der letzten Viertelstunde vor dem Start können bis zu 0,3 – 0,5 l in kleinen Schlucken nicht zu kaltes Mineralwasser oder kohlenhydrathaltige Getränke mit einem Kohlenhydratgehalt von 50 – 70 g/l getrunken werden.

Richtig trinken während des Wettkampfes

Das Ausmaß der Schweißproduktion und des Flüssigkeitsverlustes während sportlicher oder körperlicher Aktivität wird durch eine Reihe von Faktoren wie der Flüssigkeitszufuhr direkt vor beziehungsweise während des Trainings oder Wettkampfs beeinflußt. Als optimal hat sich bewährt:

❍ 30 – 45 Minuten vor dem Start sucht der Sportler die Toilette auf, um Wasser zu lösen und den Darm zu entleeren. Dies ist wichtig, weil eine volle Blase und ein voller Darm das Trinkverhalten während des Wettkampfes negativ beeinflussen können.

❍ Danach sollte ein individuelles Aufwärm- und Stretching-Programm durchgeführt werden.

❍ Dann sollte der Sportler 3 – 5 Minuten vor dem Wettkampf, abhängig von dem zu erwartenden Flüssigkeitsverlust, 300 – 600 ml Flüssigkeit trinken.

❍ Bei jeder möglichen Zwischenetappe nimmt der Sportler weitere Getränke-Rationen zu sich. Die Menge, die insgesamt getrunken wird, hängt davon ab, wieviel Schweiß fließt. Die Einnahme wird durch die geschmackliche Akzeptanz und die Zuträglichkeit der „Volumenzufuhr" beeinflußt. Sportler sollten das Trinken während der sportlichen Betätigung im Rahmen des Trainings üben.

Im Ausdauersport

Zu den Ausdauersportarten gehören zum Beispiel Laufen, Radfahren, Schwimmen, Skilanglaufen, Rudern, Kanufahren, Wandern, Walking und Bergsteigen. Alle diese Sportarten können sich in bezug auf Intenstität und Dauer stark unterscheiden.

Ausdauersport bis zu 30 Minuten: Sportliche Aktivitäten bis zu 30 Minuten Dauer erfordern noch keinen Flüssigkeitsersatz während der Belastung. Die in dieser Zeit auftretenden Schweißverluste von ca. 0,5 – 1,0 Liter können nach Beendigung der sportlichen Tätigkeit ausgeglichen werden.

Ausdauersport länger als 30 Minuten: Der Sinn des Trinkens während Aktivitäten von länger als 30 Minuten liegt im Schutz vor Überhitzung sowie im Erhalt der Leistungsfähigkeit. Schlecht Trainierte oder Untrainierte sowie Beginner sollten bereits ab einer sportlichen Tätigkeit von 30 Minuten mit dem Trinken während der Aktivität anfangen, gut trainierte Ausdauersportler sollten spätestens ab Aktivitäten von 60 Minuten Dauer mit dem Trinken während der sportlichen Betätigung beginnen.

Da das Laufen durch die Schüttelbewegungen die Magenpassage im Vergleich zu anderen Ausdauersportarten, wie Radfahren, am meisten hemmt, sollte der Kohlenhydratgehalt im Sportgetränk für Läufer nicht zu hoch sein. Gut geeignet ist eine Sport-Schorle im Verhältnis von 3:1, also 3 Teile mineralstoffreiches Mineralwasser mit 1 Teil Fruchtsaft.

Nach heutigem Wissensstand stellt diese Konzentration beziehungsweise dieses Mischungsverhältnis von mineralstoffreichem Mineralwasser mit Frucht- oder Gemüsesaft den idealen Kompromiß dar, der eine ausreichende Flüssigkeits- und Energieversorgung mittels Kohlenhydraten während der sportlichen Aktivität ermöglicht, ohne Probleme im Verdauungstrakt zu erzeugen.

Dieses Mischungsverhältnis von 3:1 bei einer Sport-Schorle sollte bei jeder Sportart die empfohlene Trinkmenge von 0,5 – 1,0 Liter pro Stunde ohne Beschwerden ermöglichen.

Erfahrungen aus der Praxis zeigen jedoch, daß hier die Theorie nicht immer in Einklang mit der Sportpraxis steht. Manchmal berichten Athleten von Unverträglichkeitsreaktionen auch bei Getränken mit diesem Kohlenhydratanteil. Im Vordergrund bei der Wahl des Sportgetränks steht also die individuelle Verträglichkeit beziehungsweise Unverträglichkeit.

Um die richtige Wahl seines Sportgetränks zu treffen, ist es wichtig, daß die Getränkeaufnahme so schnell wie möglich nach Beginn der sportlichen Aktivität beginnt. Befindet sich der Sportler bereits in einem entwässerten Zustand, ist die Wahrscheinlichkeit hoch, daß Unverträglichkeitsreaktionen auftreten, unabhängig von der Zusammensetzung des Getränks.

Treten trotz rechtzeitigen Beginns des Trinkens bei einer Sport-Schorle Unverträglichkeitsreaktionen während des Wettkampfes auf, sollte der Saftanteil verringert beziehungsweise der Mineralwasseranteil erhöht werden.

Ausdauersport über mehr als 4 Stunden: Zu den Kennzeichen mehrstündiger Belastungen gehören eine niedrigere Belastungsintensität, Flüssigkeitsverluste von mehreren Litern und eine Abhängigkeit von genügender Zufuhr an Energie, insbesondere von Kohlenhydraten. Zu diesen Sportarten gehören Radtouren, Rad-Etappen-Rennen, 6-Tage-Rennen, Triathlons sowie andere Ultra-Ausdauerbelastungen.

Falls sich der höhere Energiebedarf nicht durch zusätzliches Essen von festen Nahrungsmitteln abdecken läßt, was zum Beispiel beim Bergsteigen oder Radfahren gut möglich ist, ist die Zufuhr kohlenhydratreicher Getränke sinnvoll. Hier kann das Mischungsverhältnis von Mineralwasser mit Frucht- oder Gemüsesaft 1:1 betragen. Falls jedoch intensivere Belastungsabschnitte bevorstehen, zum Beispiel extreme Steigungen bei Laufwettbewerben im Gebirge oder die Laufstrecke im Triathlon, empfiehlt sich eine geringere Kohlenhydratkonzentration, also ein Mischungsverhältnis von 3 Teilen Mineralwasser mit 1 Teil Fruchtsaft bis maximal 2 Teilen Mineralwasser mit 1 Teil Fruchtsaft.

Um einem eventuell durch die Schweißverluste bedingten Absinken der Mineralstoffkonzentrationen im Blut vorzubeugen, sollten die Getränke neben dem Mineralstoff Natrium auch Calcium, Magnesium und Chlorid enthalten.

Richtig trinken im Training

Die Ziele eines Trainings sind unterschiedlich. Ein Training kann zur Verbesserung der Technik, des Stehvermögens, der anaeroben Schwelle oder zur effektiveren Energieausnutzung der Muskeln durchgeführt werden.

Sinnvolles Training der Technik oder des Stehvermögens dauert nur eine begrenzte Zeit. Die Getränkeaufnahme während dieses Trainingsteils ist daher problemlos. Das gleiche gilt für das intensive Ausdauertraining zur Verbesserung der anaeroben Schwelle. Diese Belastung läßt sich bei gut ausdauertrainierten Athleten maximal ca. eine Stunde durchführen.

Länger dauernde Trainingsbelastungen haben zum Ziel, die Mischverbrennung der Fette und Kohlen-

hydrate zu verbessern. Jede über 30 – 60 Minuten dauernde Wettkampfbelastung benötigt diese Art von Energieumsatz. Da bei einem solchen Training in erster Linie Fett verbrannt werden soll, ist die Zufuhr von schnell verfügbaren Kohlenhydraten während einer Trainingseinheit wenig sinnvoll. Dazu gehört die Zufuhr von kohlenhydrathaltigen Getränken, weshalb in dieser Situation ein mineralstoffreiches Mineralwasser ohne Zusatz von Frucht- oder Gemüsesaft das Trainingsgetränk der Wahl darstellt.

Während des Trainings der Langzeitausdauer ist der Ersatz von Mineralwasser mit einem Kochsalzgehalt von 2 – 3 g/l sinnvoll. Das Training muß so durchführt werden, daß die körpereigenen Kohlenhydratreserven ausreichen. Die Wiederauffüllung der verbrauchten Kohlenhydrate geschieht am effektivsten durch die Speisen- und Getränkeaufnahme nach dem Training.

Richtig trinken bei Spielsportarten

Zu den Spielsportarten gehören zum Beispiel Fußball, Eishockey, Handball, Tennis, Badminton und Squash. Gemeinsam ist diesen Sportarten die azyklische Belastungsform. Belastungen mit den unterschiedlichsten Intensitäten und Pausen wechseln in unregelmäßigen Folgen.

So müssen im Tennis kurze explosive Sprints, zum Beispiel zum Ansetzen eines Passierballes, erbracht werden, wofür die energiereichen Verbindungen ATP und KP abgebaut werden müssen. Zum anderen wird bei längeren Sprints, zum Beispiel beim „überlobt" werden mit anschließendem Erlaufen eines Stopballes, die anaerobe Glykolyse herangezogen, wobei als Stoffwechselendprodukt Milchsäure im Muskel anfällt, welches mittels Hydrogencarbonat abgepuffert werden muß. Außerdem wird Schlag- und Sprungkraft, etwa für die Ausführung eines Schmetterballs, gefordert. Für diese Belastungsarten sind gefüllte Muskelglykogendepots von Vorteil.

Um die schwierige Tennistechnik gut koordiniert und die richtige Spieltaktik konzentriert anwenden zu können, ist andauernd ein ausreichend hoher Blutzuckerspiegel notwendig, der durch gut gefüllte Leberglykogenspeicher auf konstantem Niveau gehalten werden muß. All diese Reaktionen verlaufen nur bei einer ausreichenden Flüssigkeitsversorgung optimal.

Die Auswechselmöglichkeiten, zum Beispiel im Eishockey, Handball oder Basketball, oder die Spielpausen, zum Beispiel im Fußball, akzentuieren das Ganze noch. Diese azyklischen Belastungsformen finden wir auch im Training, so daß das Trinkverhalten im Training wie im Wettkampf den gleichen Prinzipien unterliegen kann.

Als Sportgetränk eignen sich Sport-Schorlen. Der Anteil des Frucht- oder Gemüsesaftes unterliegt in erster Linie der individuellen Verträglichkeit, sie sollte jedoch nie ein Verhältnis von 2:1 überschreiten, also 2 Teile mineralstoffreiches Mineralwasser zu 1 Teil Frucht- oder Gemüsesaft.

Sportgetränke für sportliche Aktionen bei höheren Temperaturen, welche vor allem einen genügenden Flüssigkeitsersatz erfordern, brauchen einen höheren Mineralwasseranteil, zum Beispiel Mischungen im Verhältnis 4:1 – 5:1.

Da auch bei diesen Sportarten die Mineralstoffe oder Elektrolyte aus den Zellen wie Kalium, Calcium oder Ma-

gnesium vermehrt ausgeschieden werden können, empfiehlt sich auch hier, neben einem ausreichenden Natriumgehalt auf diese Mineralstoffe im Getränk zu achten. Es ist jedoch noch unbekannt, ob die Zufuhr dieser Mineralstoffe während der sportlichen Aktivität, mit Ausnahme von Natrium, die Leistung sowie relevante Stoffwechselprozesse beeinflußt oder ob sie eine reine Kosmetik des Blutmineralstoffgehaltes darstellt.

Den Zeitpunkt des Trinkens im Wettkampf bestimmen die Spiel- und Auswechselungspausen. Der Beginn der Getränkeaufnahme sollte jedoch so früh wie möglich erfolgen. Es sollte bereits mit dem Trinken begonnen werden, bevor der Durst sich meldet. Deshalb ist es wichtig, bei heißem Wetter bereits kurz nach Spielbeginn jede Spielunterbrechung zum Trinken zu nutzen.

Richtig trinken bei Sportarten, die den ganzen Tag dauern

Hierzu gehören zum Beispiel der Zehnkampf der Männer, Siebenkampf der Frauen oder Fechtturniere und andere Tagesturniere, wie beim Tennis. Es gilt bei diesen sportlichen Einsätzen die Grundregel, daß versucht werden sollte, auch den letzten und eventuell über den Sieg entscheidenden Einsatz unter den gleichen guten Bedingungen in bezug auf den Flüssigkeitshaushalt wie zu Beginn zu ermöglichen.

Die Auswahl des richtigen Sportgetränks richtet sich nach der Dauer der Zwischenpausen und nach dem Ausmaß des zu ersetzenden Flüssigkeitsdefizits. Bei kürzeren Pausen und einem größeren Flüssigkeitsverlust sollte der Mineralwasseranteil in der Sport-Schorle größer als 3:1 sein. Bei geringeren Flüssigkeitsdefiziten und längeren Pausen darf der Fruchtsaftanteil höher liegen, also in einem Mischungsverhältnis von 3:1 oder 2:1.

Richtig trinken bei Sportarten von kurzer intensiver Dauer

Bei Wettkämpfen, die nur wenige Minuten dauern und einen oder höchstens zwei Einsätze pro Tag erfordern, ist die Getränkezufuhr problemlos. Es ist allerdings darauf zu achten, daß Athleten in Disziplinen, die eine längere Aufwärmarbeit benötigen, in einem nicht allzu entwässerten Zustand an den Start gehen. Besonders bei warmer Witterung können daraus Leistungseinbußen entstehen.

Bei Sportarten, bei denen als Nebenprodukt der anaeroben Glykolyse viel Milchsäure entsteht, hat sich der Einsatz von Mineralwässern mit einem hohen Anteil an Hydrogencarbonat bewährt. Hydrogencarbonat ist der Hauptpuffer im menschlichen Blut und kann mithelfen, den Säuregrad in der Muskelzelle zu verringern, indem es die Entfernung der Milchsäure aus der Muskulatur fördert.

Richtig trinken bei Konzentrationssportarten

Hierzu gehören zum Beispiel alle Sportarten, bei denen sich Training und Wettkampf über einen längere Zeit erstrecken, ohne daß sie eine Ausdauerdisziplin darstellen. Dies trifft zum Beispiel für Schießen, Segeln, Segelfliegen oder Motorsport zu. Auch dabei können Nervenanspannung, Klima, Kleidung oder die Dauer der Belastung hohe Flüssigkeitsverluste verursachen, die die psychische und physische Leistungsfähigkeit beeinträchtigen.

Da diese Sportarten eine starke mentale Komponente beinhalten, sollte vor allem während des Wettkampfes kein Blutzuckerabfall erfolgen. Dies erfordert eine regelmäßige Kohlenhydratzufuhr während des Wettkampfes und auch während des Trainings, denn das Gehirn deckt seinen Energiebedarf fast ausschließlich aus Kohlenhydraten. Pro Tag werden durchschnittlich 120 – 150 g Kohlenhydrate alleine durch Gehirnaktivitäten verbraucht. Das sind 5 g pro Stunde. Unter hoher geistiger Beanspruchung kann dieser Wert noch um mehr als 50 % ansteigen.

Für die Stabilisierung der mentalen Fitness und Beschleunigung der körperlichen Regeneration ist ein Getränk aus Apfelsaft und Mineralwasser empfehlenswert. In der Natur- und Erfahrungsmedizin kommt dem Apfel bzw. dem Apfelsaft aufgrund seines nennenswerten Gehaltes am Spurenelement Bor eine besondere Bedeutung zu. Der Mineralstoff Bor soll die mentale Leistungsfähigkeit positiv beeinflussen können.

Die Apfelschorle ist also sowohl nach dem Sport als auch während mehrstündigen Besprechungen, Verhandlungen, Sitzungen oder auch bei Autofahrten und im Haushalt ein empfehlenswertes Getränk. Es kann die mentale Leistung stabilisieren. Hierzu zählen sowohl die Gedächtnisleistung als auch die Konzentrations-, Koordinations- und Reaktionsfähigkeit.

Als Sportgetränk ist deshalb eine Sport-Schorle im Verhältnis 1:1 bestens geeignet.

Richtig trinken beim Sport im Winter

Bei sehr kalter Witterung tritt an die Stelle der Abwehr gegen Überwärmung eine Reaktion des Körpers gegen Unterkühlung. Die Flüssigkeitsverluste und damit auch das Problem der Magenpassage treten deutlich zurück. Neben einer der Umgebungstemperatur entsprechenden Kleidung eignen sich in dieser Situation warme Getränke. Alkohol ist bei Kälte ab-

solut verboten. Alkohol erweitert die Hautgefäße, unterdrückt das Muskelzittern und leistet damit einer Unterkühlung des Körpers Vorschub.

Richtig trinken beim Sport im Sommer

Zwei Auswirkungen kennzeichnen die sportlichen Aktivitäten im Sommer: Zum einen die größeren Flüssigkeitsverluste und zum anderen der größere Glykogenverbrauch als Ausdruck einer intensiven Kohlenhydratverbrennung im Vergleich zu gemäßigten oder kühlen Temperaturen. Dies führt zu einem höheren Bedarf an Flüssigkeit und Kohlenhydraten während der sportlichen Aktion. Da ein höherer Kohlenhydratanteil bzw. ein höherer Fruchtsaftanteil in der Sport-Schorle die Magenpassage behindert, lassen sich durch alleinige Getränkezufuhr die Bedürfnisse des Organismus nicht immer genügend abdecken.

Daher muß der Athlet seine Leistung den Temperaturen anpassen. Die Verminderung der Belastungsintensität bewirkt eine verringerte Wärmeproduktion und somit eine verringerte Schweißproduktion. Außerdem bewirken sie eine Verminderung des Kohlenhydratbedarfes. Dabei hat der ausreichende Flüssigkeitsersatz gegenüber der Kohlenhydratzufuhr Vorrang.
Da die Hitze verstärkte Kochsalzverluste erzeugt, ist unbedingt auf einen ausreichenden Natriumgehalt des Getränks zu achten. Bei sportlicher Aktivität in nicht akklimatisiertem Zustand, wie dies im Sommer-Sport-Urlaub auftritt, sollte der Natrium- und Chloridgehalt im Sportgetränk 3 – 4 g/l betragen.

Richtig trinken bei Aufenthalten im Gebirge

Obwohl in der Höhe niedrigere Temperaturen vorliegen und geringere Schweißverluste auftreten als im Tiefland, entstehen häufig höhere Flüssigkeitsdefizite. Eine Ursache ist die in der Höhe zunehmende Wasserabgabe über die Lunge. Dies ist auch bei Langstreckenflügen der Fall.

Die sauerstoffarme Luft in Höhenlagen führt zu einer höheren Beanspruchung des Kreislaufs. Der Kohlenhydratanteil bei den während einer Belastung aufgenommenen Getränken sollte daher eher geringer, beziehungsweise der Mineralwasseranteil in der Sport-Schorle höher sein als unter Tieflandbedingungen.

Auch die Sportkleidung beeinflußt die Wahl des Sportgetränks

Einige Sportarten, zum Beispiel Fechten, American Football oder Motorsport benötigen zur Herabsetzung der Verletzungsgefahr eine Schutzkleidung. Diese Kleidung hat den Nachteil, daß der Sportler sehr viel trinken muß, damit keine Beeinträchtigung der Temperaturregulation und der Leistungsfähigkeit auftritt, weil die Kleidung meist synthetisch ist und Kühlung über die Schweißabgabe verhindert.

Richtig trinken nach dem Sport

Sportgetränke nach dem Sport sollten neben der Flüssigkeit insbesondere die intrazellulären Mineralstoffe, wie Kalium, in höheren Konzentrationen enthalten. Deshalb kann eine Sport-Schorle nach dem Training oder Wettkampf in einem Verhältnis von 1:1 gemischt werden. Diese Getränkezusammensetzung ist auch vor dem Hintergrund sinnvoll, daß neben dem Ausgleich des unter Umständen mehrere Liter umfassenden Flüssigkeitsverlustes die entleerten Kohlenhydratspeicher wieder aufgefüllt werden müssen. Für jedes Gramm gespeichertes Glykogen, die Speicherform der Kohlenhydrate, werden 19 mg Kalium benötigt.

Es sei an dieser Stelle auf den Begriff der „Erholungswärme" hingewiesen. Nach intensiver Belastung vollziehen sich zahlreiche anabole Prozesse. Es müssen zahlreiche Stoffe neu gebildet werden. Bei dieser Wiederherstellung wird Wärme frei. Auch besteht noch für eine gewisse Zeit nach der Belastung eine physiologische Bereitschaft zur Wärmeabgabe. Schon relativ geringe Reize können in dieser Phase zum Schweißausbruch führen.

Wie lange der Organismus für die Wiederauffüllung der Wasserdepots benötigt, ist vom Grad des Wasserdefizits abhängig. Im einzelnen sind die Mechanismen der Wiederauffüllung noch nicht bekannt, es ist jedoch fraglos viel mehr als eine einfache physikalische Wiederauffüllung, denn sie schließt zahlreiche physiologische Wechselwirkungen ein.

So ist zum Beispiel die Wasseraufnahme in die Muskelzellen an die Glykogenresynthese gebunden, die ihrerseits bis zu 48 Stunden Zeit benötigen kann. 1 g Glykogen bindet 3 g Wasser. Auch dieser Befund erklärt die verzögerte Durstempfindung nach sportlicher Betätigung.

Auch die Geschwindigkeit der Wiederauffüllung der Glykogendepots ist von der Flüssigkeitszufuhr abhängig. Bei ausreichender Flüssigkeitszufuhr findet eine raschere Auffüllung der Glykogenspeicher statt als unter Flüssigkeitsmangel.

Früher war es üblich, Sportler vor der ersten Mahlzeit nach dem Training oder Wettkampf nicht trinken zu lassen. Die Redensart „Trinkt euch nicht satt" war gang und gäbe. Eine solche Einstellung ist falsch. Es muß

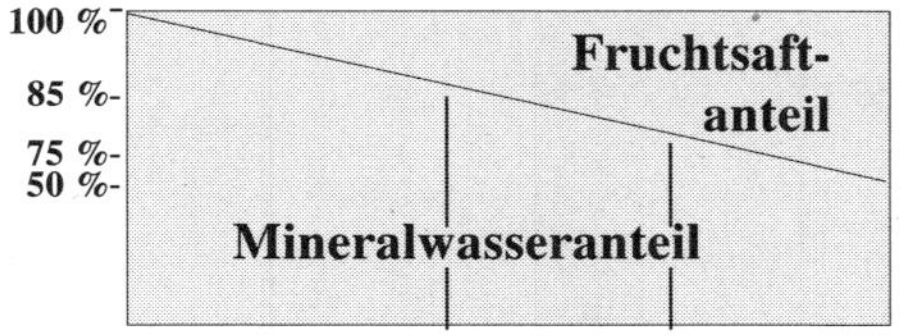

	„pur“	5:1	3:1	1:1
zyklische Belastungen				
Laufwettkämpfe < 1 Std.	+	++	++	0
Laufwettkämpfe 1 – 3 Std. Radwettkämpfe < 1 Std.	0	+	++	+
Laufwettkämpfe > 3 Std. Radwettkämpfe > 1 Std.	0	0	++	++
Laufwettkämpfe > 3 Std. Radwettkämpfe > 1 Std. bei hoher Kreislaufbelastung, z.B. Steigungen	0	+	+	+
Wandern, Walking, Bergsteigen, Radfahren	0	+	++	++
Training zur Verbesserung der Fettverbrennung	++	+	0	
azyklische Belastungen				
Spielsportarten u. a.	0	+	++	++

0 = *weniger günstig*
\+ = *günstig*
++ = *sehr günstig*

Tab. 24: Eignung von Mineralwasser sowie Sport-Schorlen in unterschiedlichen Mischungsverhältnissen für ausgewählte sportliche Aktionen

Auch zu den Mahlzeiten sollte der Sportler reichlich trinken!

erst getrunken und dann gegessen werden. Der Durst verdrängt den Hunger, und das Flüssigkeitsdefizit sowie erhöhte Körpertemperatur beeinträchtigen den Appetit. Der Appetit kommt meist erst, wenn der Durst gelöscht ist. Das Argument, die Flüssigkeit verwässere die Nahrung im Magen, ist nicht haltbar.

Eine recht zuverlässige und vor allem praktisch leicht durchführbare Kontrollmöglichkeit, ob ein ausreichender Flüssigkeitsausgleich erfolgt ist oder nicht, ist die Bestimmung des Körpergewichtes.

Von Zeit zu Zeit empfiehlt es sich auch, die 24-Stunden-Urinmenge zu messen. Ein Sportler sollte in 24 Stunden mindestens 1 Liter Urin produzieren. Auch die Farbe des Urins kann wichtige Hinweise geben. Ist der morgendliche Urin noch dunkel gefärbt, ist dieser stark konzentriert, und es kann noch ein Flüssigkeitsdefizit vorliegen. Hat der morgendliche Urin eine helle Farbe, dürfte der Flüssigkeitshaushalt ausgeglichen sein.

Richtiges Trinken: Eine Gesundheitsvorsorge

In jüngster Zeit wird vermehrt über Nierensteinleiden bei Ausdauersportlern berichtet. Es ist nicht ausgeschlossen, daß die Bildung von Nierensteinen mit einer ungenügenden Flüssigkeitszufuhr in Zusammenhang gebracht werden muß. Es liegt nahe, daß die hohe Urinsättigung die Kristall- und Aggregatbildung begünstigt und eine Rolle in der Harnsteinbildung spielt. Deshalb stellen häufige Flüssigkeitsmängel einen Risikofaktor für das Auftreten von Sedimentsteinen im Urin dar. Das Risiko wird noch dadurch erhöht, daß nach einer Belastung die Menge der harngängigen Substanzen erhöht ist.

Gehäufte Nierensteinleiden werden auch bei Boxern und Turnern beobachtet. Hierbei kann die Flüssigkeitsbeschränkung mit der Absicht, das Körpergewicht möglichst gering zu halten, eine Rolle spielen.

Ausreichendes Trinken ist somit nicht nur unter dem Aspekt der verbesserten Leistungsfähigkeit oder der schnellen Wiederherstellung zu sehen, sondern sie ist auch ein Mittel der Prophylaxe einiger pathologischer Erscheinungen im Sport.

Die richtige Getränke-Temperatur

Die Temperatur des Getränks hat nur einen geringen unmittelbaren Effekt auf die Körpertemperatur. Die Zufuhr von 250 ml mit einer Temperatur von 17° C entzieht dem Körper etwa 20 KJ (5 kcal); die Zufuhr der gleichen Trinkmenge mit einer Temperatur von 42° C gibt 8 kJ (2 kcal) an den Körper ab.

Kühle Getränke wirken erfrischend und belebend. Diese positive psychische Auswirkung ist nicht zu unterschätzen. Aus diesem Grund werden von Ausdauersportlern kühle Getränke bevorzugt. Traditionelle Vorschriften, die sich gegen kalte Getränke richten, sind fraglos irreführend. Die Annahme von möglichen Schäden beruht auf Vorurteilen. Es gibt keinen Einwand gegen die Aufnahme kühler Getränke durch magengesunde Sportler. Hier entscheidet die Erfahrung des Sportlers über die Temperatur der aufgenommenen Flüssigkeit. Eine zu große Menge kalter Getränke kann allerdings zu Störungen wie Völleempfinden, Scheinsättigung oder Appetitlosigkeit bis hin zum Schock führen.

Erwähnt sei, daß bei Tieren die Trinkmenge auch von der Wassertemperatur abhängt und daß Tiere spontan größere Mengen von warmer als von kalter Flüssigkeit aufnehmen.

Die Hauttemperatur steigt nach dem Trinken heißer Getränke an, wodurch die Wärmeabgabe negativ beeinflußt wird. Heiße Getränke steigern nach der Belastung die Schweißsekretion. Oftmals tritt wenige Minuten nach der Aufnahme ein Schweißausbruch ein, bekannt als gustatorisches Schwitzen. Kühle Getränke dagegen reduzieren das Schwitzen nach der Belastung nachhaltig.

Kleine Getränkekunde

Alkoholische Getränke

Alkohol steht bei einigen Sportarten auf der Doping-Liste, da er bestimmte physiologische Funktionen unterbindet, wie zunächst die Eigenschaft des Alkohols, die Schmerzempfindlichkeit während Belastungen oder Hemmungen zu reduzieren, was es dann erlaubt, die normalen Leistungsgrenzen zu überschreiten. Zweitens kann Alkohol das Selbstvertrauen eines Sportlers steigern.
Ein dritter Grund ist die Reduktion von Muskelzittern während Wettkämpfen. Ballettänzer, Eiskunstläufer, Skispringer und Schützen bringen eine verringerte Leistung, wenn sie übererregt sind. In solchen Fällen wurde schon Alkohol eingesetzt, um beruhigende Wirkungen zu erzielen.

Der Alkoholeffekt

Obwohl jede Person unterschiedlich auf Alkohol reagiert, ist sicher, daß beispielsweise der Alkoholgehalt von 0,3 Liter Bier die Reaktions- und Leistungsfähigkeit herabsetzt. Höhere Dosierungen können sich zudem negativ auf das Gleichgewichtsvermögen, die Hand-Augen-Koordination und die Fähigkeit, den Arm ruhig zu halten, auswirken. Alkohol wirkt sich besonders bei Sportarten negativ aus, bei denen rasche Entscheidungen getroffen werden müssen und schnell auf veränderte Situationen reagiert werden muß.

So zeigen zum Beispiel bei Bogenschützen geringe Alkoholmengen keinen Effekt auf die Kraft oder Ausdauer. Alkohol führte jedoch zu einer Verlangsamung der Reaktionszeit und einer Abnahme der Fähigkeit, die Hand ruhig zu halten, also beides Faktoren, die sich leistungsmindernd auswirken. Alkohol führte jedoch auch zu einem flüssigeren Lösen der Bogensehne, was sich positiv auf die Leistung auswirken kann. Obwohl die Sportler dieser Disziplinen dafür bekannt sind, daß sie Alkohol zu sich nehmen, um ihre Wettkampfleistungen zu verbessern, lassen die vorliegenden Forschungsergebnisse keine eindeutige Stellungnahme hinsichtlich der Frage zu, ob diese Praktiken sich wirklich positiv auswirken. Ganz abgesehen davon sind Alkoholika in größeren Mengen der Gesundheit nicht dienlich.

Ein Bierchen in Ehren...?

Ein oder zwei Gläser Bier am Abend vor einem Wettkampf werden die Leistung am folgenden Tag kaum verschlechtern. Bei übermäßigem Alkoholgenuß kann es jedoch sehr wohl zu Beeinträchtigungen der sportlichen Leistung kommen. So kann zum Beispiel das Sehvermögen am Tag nach starkem abendlichen Alkoholgenuß eingeschränkt sein.

Spirituosen	Vol. %	g Alkohol in 20 ml	g Alkohol in 0,7 l
Eierlikör	20	3	112
Doppelkorn	38	6	210
Edelliköre, Gin	40	6	224
Cognac	42	7	233
Whisky, Wodka	43	7	238
Magenbitter	49	8	271
Obstler	50	8	277
Rum	bis zu 70	11	388
Alkoholhaltige Volksheilmittel	**Vol. %**	**g Alkohol pro Teelöffel**	**g Alkohol in 150 ml**
Melissengeist	70	2,5	83
Hoffmannstropfen	55	2,0	65
Biere	**Vol. %**	**g Alkohol in 0,3 l**	**g Alkohol in 0,5 l**
Exportbier	4	9	16
Pils	4	9	16
Märzenbier	5	12	21
Weizenbier	5	12	21
Starkbier	bis 8,5	20	34
Malzbier	0,5 – 1,5	2,5	4
Weine	**Vol. %**	**g Alkohol in 150 ml**	**g Alkohol in 0,7 l**
leichter Wein	8	10	44
kräftiger Wein	12	14	67
schwerer Wein	15	18	83
Süßweine	16	19	89
Sherry, Portwein	22	26	122
Apfelwein	6	7	33
Sekt	9 – 14	14	70

Die Zahlen sind Durchschnittswerte, die Angaben bei Bieren und Weinen können erheblich schwanken.

Tab. 25: Alkoholgehalt verschiedener Getränke
Quelle: Löffler, Petrides, Weiss, Harper: Physiologische Chemie

Weiterhin ist Alkohol ein Diuretikum und kann dazu führen, daß Sportler im Falle ungenügender zusätzlicher Flüssigkeitszufuhr in Form von Mineralwasser oder Obst- und Gemüsesäften austrocknen. Dies trifft sowohl auf den Alkoholgenuß vor einem Wettkampftag als auch auf die häufig zu beobachtende Praxis des Biertrinkens nach Langlaufveranstaltungen, Fußballspielen oder anderen sportlichen Aktivitäten zu. Obwohl das im Bier enthaltende Wasser dem Ausgleich der Flüssigkeitsverluste dienlich ist und der Alkohol entspannend wirkt, laufen diese Sportler Gefahr, Beschwerden zu bekommen – einerseits durch eine Vergrößerung des Flüssigkeits- und Mineralstoffverlustes, andererseits durch eine sehr schnelle Aufnahme des Alkohols. Der Magen eines Sportlers ist nach einem Wettkampf leer, und der Körper ist entwässert. In diesem Zustand wird der Alkohol schneller vom Organismus aufgenommen und nicht so stark verdünnt, so daß die Alkoholkonzentration im Blut rasch ansteigt. Deshalb ist Alkohol am Steuer nach dem Sport besonders gefährlich, denn Autofahren verlangt feinmotorische Leistungen und schnelle Entscheidungen.

So wirkt der Alkohol

Auch beim Alkohol gilt: Die Dosis macht's. Denn wie sich der Alkohol im Körper auswirkt, hängt ganz entscheidend von der Alkoholkonzentration im Blut ab. Diese wiederum wird von der Geschwindigkeit der Alkoholaufnahme, der Verdünnungsmöglichkeit und der Alkoholabbaurate beeinflußt.

Nach einer kalorienreichen Mahlzeit wird der Alkohol langsamer ins Blut aufgenommen. Hingegen beschleunigen ein leerer Magen, warmer Alkohol (Glühwein, Punsch, Grog), Alkohol mit Zucker (Bowle, heißer Apfelwein) oder Alkohol mit Kohlensäure (Sekt) die Aufnahme des Alkohols ins Blut.

Wie schnell der Alkohol im Blut wieder abgebaut wird, hängt vom Körpergewicht und der aktuellen Ernährungslage ab. So wird zum Beispiel durch Vitamin C oder Fructose (Fruchtzucker) der Abbau von Alkohol im Organismus beschleunigt.

Wie lange bleibt der Alkohol im Blut ?

Pro 10 kg Körpergewicht und Stunde wird 1 g Alkohol abgebaut. Das bedeutet, daß bei einem Körpergewicht von 60 kg in einer Stunde 6 g Alkohol abgebaut werden. Bei einem Alkoholgehalt im Blut zum Ende einer ausgedehnten Feier um 2.00 Uhr von 1,5 ‰ ist der Alkohl erst in ca. 11 Stunden, also um 13.00 Uhr, vollständig abgebaut. Um 7.30 Uhr ist im Blut noch ein Alkoholgehalt von 0,8 ‰ vorhanden.

Alkohol vergrößert den Flüssigkeitsbedarf

Alkoholische Getränke, ganz gleich ob Weinbrand, Whisky, Bier oder

Berechnung der Blutalkoholkonzentration

Für die Berechnung der Blutalkoholkonzentration wird der Alkoholgehalt der Getränke benötigt. Bei Getränken ist der Alkoholgehalt in Vol. % angegeben. Um den Wert in g Alkohol pro 100 g beziehungsweise g % zu bekommen, muß dieser Wert mit der Dichte des Alkohols (0,79) multipliziert werden.

Trinkt man z. B. ein Glas Wein (0,2 l) mit 11 Vol. %, so ergibt sich ein Alkoholgehalt von:

$$11 \times 0{,}79 = 8{,}69 \text{ g Alkohol/100 g} \quad \text{für } 0{,}2 \text{ l}: 8{,}69 \times 2 = 17{,}38 \text{ g Alkohol}$$

Da verschiedene Körperteile unterschiedliche Alkoholmengen aufnehmen können – zum Beispiel Muskeln mehr als Knochen –, muß das Körpergewicht zur Berechnung der Blutalkoholkonzentration noch mit dem Faktor 0,7 multipliziert werden.

Der oben berechnete Alkoholgehalt des Weins entspricht einer Blutkonzentration (c) (= „Promille") bei einer Person mit 60 kg Körpergewicht (kg KG) von:

$$c = \frac{\text{g Alkohol}}{\text{kg KG} \times 0{,}7} \rightarrow \frac{17{,}38}{60 \times 0{,}7} = 0{,}41\ ‰$$

Wieviel darf getrunken werden, um eine bestimmte Blutalkoholkonzentration nicht zu überschreiten? Auch dies kann berechnet werden, und zwar mit folgender Formel:

$$\frac{\text{kg KG} \times 0{,}7 \times c \times 100}{\text{Vol } \% \times 0{,}79} = \text{ml, die getrunken werden dürfen}$$

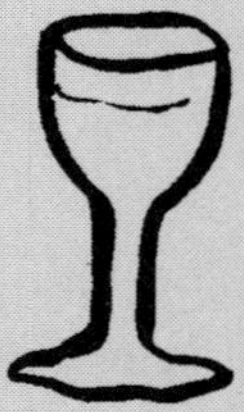

Dazu ein Beispiel:
Bier mit 5 Vol. %
Körpergewicht 70 kg
die max. Blutalkoholkonzentration soll c = 0,5 ‰ sein

$$\frac{70 \times 0{,}7 \times 0{,}5 \times 100}{5 \times 0{,}79} = 620 \text{ ml Bier} \rightarrow 0{,}62 \text{ l Bier}$$

Um eine Blutalkoholkonzentration von 5 ‰ nicht zu überschreiten, dürfen bei einem Körpergewicht von 70 kg 0,62 l Bier getrunken werden.

Liköre, leisten keinen positiven Beitrag zur Flüssigkeitsbilanz. Im Gegenteil: Um den Alkoholgehalt von einem Glas Whisky zu verarbeiten, werden 0,25 Liter Wasser benötigt. Dieser Effekt tritt als der sogenannte Nachdurst auf.

Apfelschorle

Eine Mischung aus Apfelsaft mit natriumhaltigen Mineralwasser in einem Verhältnis von 1:1 bis 1:5 ist ein empfehlenswertes Getränk für alle Sportler. Der Apfelsaft liefert Kohlenhydrate in Form von Fruchtzucker sowie das für die Speicherung der Kohlenhydrate notwendige Kalium gleich mit. Das Mineralwasser sollte die wichtigen „Sport-Mineralstoffe" Calcium und Magnesium liefern sowie Natrium. Die Apfelschorle ist ein gutes Sportlergetränk, das durch variable Mischungsverhältnisse den unterschiedlichen Anforderungen der Sportarten ideal gerecht werden kann.

Bier

Die vier Zutaten zu Bier sind Gerste (Malz), Hopfen, Hefe und Wasser. Bier unterliegt dem Reinheitsgebot.

Es gibt zwei unterschiedliche Gärungsformen:

untergärig: Der Malzzucker wird bei 4 – 10° C etwa 8 Tage vergoren. Nach der Gärung setzt sich die Hefe auf dem Boden ab.

obergärig: Der Malzzucker wird bei 15 – 20° C etwa 2 – 3 Tage vergoren. Nach dem Gärungsprozeß setzt sich die Hefe an der Oberfläche ab und wird abgeschöpft.

Biersorten:

(die Angaben der Nährwerte beziehen sich auf 100 g bzw. 0,1 l Bier)

Ale ist ein englisches helles, obergäriges Bier mit 4 – 6 Vol. % Alkohol.

Alkoholfreies Bier hat mit einem Alkoholgehalt von 0,5 Vol. % (28 kcal bzw. 119 kJ) den niedrigsten Gehalt an Alkohol aller Biere und ist somit auch für den Sportler nach dem Sport in physiologischen Mengen (2 – 3 Gläser) geeignet. Ein zu hoher Konsum an alkoholfreiem Bier ist nicht empfehlenswert, da die ausgeschiedenen Mineralstoffe und Spurenelemente nicht ausreichend ersetzt werden.

Alt ist ein obergäriges Vollbier mit 3,5 Vol. % (43 kcal bzw. 180 kJ) Alkoholgehalt.

Diätbier hat einen niedrigeren Gehalt an Kohlenhydraten (0,75 g/100 g) im Gegensatz zu etwa 2 g/100 g). Der Alkoholgehalt beträgt 4 Vol. % (33 kcal bzw. 140 kJ).

Export ist ein helles, untergäriges Bier. Es schmeckt weniger herb als Pils und hat 5,1 Vol. % Alkoholgehalt (47 kcal bzw. 195 kJ).

	Kalium	Magnesium	Natrium	Calcium	Phosphor	Eisen
alkoholfreies Bier	32	7	–	7	20	+
Alt	49	11	–	4	29	+
Diätbier	45	10	4	4	31	+
Export	51	10	2	3	36	+
Kölsch	48	9	6	4	26	+
Pils	50	10	3	4	31	+
Weizen	49	10	3	3	31	+

– = keine Angaben
+ = enthalten

Tab. 26: Mineralstoffgehalt verschiedener Biersorten (in mg/100 g)
Quelle: Elmadfa et al.: Die große GU-Nährwerttabelle

Kölsch ist ein helles untergäriges Vollbier mit einem hopfenbitteren, aromatischen Geschmack. Der Alkoholgehalt beträgt 3,7 Vol. % (42 kcal bzw. 176 kJ).

Pils ist ein helles, untergäriges Bier mit einem herben Hopfengeschmack. Es hat einen Alkoholgehalt von 4,8 Vol. % (43 kcal bzw. 179 kJ).

Weizenbier ist ein helles, obergäriges Vollbier mit hohem Kohlensäure-Gehalt und einem Alkoholgehalt von 4,8 Vol. % (46 kcal bzw. 190 kJ).

Brottrunk

Brottrunk ist ein fermentiertes Getränk aus Vollkorn-Sauerteig. Es wird vor allem wegen seiner verdauungsfördernden Wirkung geschätzt.

Energiegehalt	63 kcal/240 kJ
Eisen	5 mg
Kalium	318 mg
Calcium	84 mg
Natrium	659 mg
Natriumchlorid	190 mg
Magnesium	78 mg
Chlorid	1250 mg

Tab: 27: Inhaltsstoffe von Brottrunk pro Liter

Coffeinhaltige Getränke

Coffein ist in einer Vielzahl von Getränken wie Kaffee, Schwarzer Tee, Mate-Tee und Cola-Getränken enthalten. Coffein wird wegen seiner anregenden Wirkung häufig von Sportlern benutzt. In kleinen Mengen (50 –

100 mg) wirkt Coffein anregend auf die Verdauung, die Kreislauf- und Gehirnfunktion und kann eine beginnende Müdigkeit unterdrücken. Außerdem aktiviert es den Fettabbau und schont so die körpereigenen Glykogenspeicher, was sich bei Ausdauerbelastungen positiv auf die Leistung auswirken kann.

Ein Nachteil von Coffein liegt in der harntreibenden Wirkung. Da Sportler möglichst mit gefüllten Flüssigkeitsspeichern an den Start gehen sollten, sind coffeinhaltige Getränke vor dem Start wenig empfehlenswert. Empfindliche Personen reagieren auf den Genuß coffeinhaltiger Getränke zudem mit erhöhter Nervosität, Herzklopfen oder Durchfall.

Die Einnahme von Coffein-Tabletten verbietet sich von selbst, da Coffein auf der Doping-Liste steht.

Bei einer Konzentration von 15 μg je ml Urin liegt bereits ein positiver Doping-Fall vor. Diese Konzentration kann durch den Konsum von 6 – 7 Tassen Kaffee auf nüchternen Magen erreicht werden.

Cola-Getränke	6,5 – 25 mg/100 ml
Kaffee	50 – 100 mg/Tasse
Kakao-Getränk	10 mg/Tasse
Tee	50 – 100 mg/Tasse

Tab. 28: Coffeingehalt verschiedener Getränke

Cola-Getränke

Die auch unter Sportlern beliebten Cola-Getränke weisen neben dem für den Fettstoffwechsel möglicherweise günstigen Coffeingehalt einen hohen Gehalt an Phosphat auf. Dieser Gegenspieler des Calciums bei der Resorption im Darm kann sich ungünstig auf die Calciumaufnahme auswirken. Weitere Mineralstoffe enthalten Cola-Getränke nur in sehr geringen Mengen. Nicht zu vergessen ist der mit 11 – 14 % sehr hohe Zuckergehalt, der bei zu hoher Zufuhr das Risiko von Übergewicht und Karies erhöht.

Destilliertes Wasser

(s. Wasser)

Diabetiker-Getränke

Diabetiker-Getränke sind diätetische Lebensmittel. Charakteristisch für solche Lebensmittel ist, daß keine Saccharose (Haushaltszucker) zugesetzt wird. Statt dessen werden Zuckeraustauschstoffe wie Fructose (Fruchtzucker) oder Isomalt, Zuckeralkohole wie Mannit, Glucitol oder Xylit sowie künstliche Süßstoffe wie Saccharin, Cyclamat oder Aspartam verwendet. Einige dieser Kohlenhydrate werden gar nicht, andere insulinunabhängig verstoffwechselt.

Dies hat für den Diabetiker den Vorteil, daß diese Kohlenhydrate nicht als Broteinheiten (BE) angerechnet werden müssen. Diabetiker-Getränke finden aber auch bei kalorienbewußten Verbrauchern großen Zuspruch, da nicht jedem bekannt ist, daß Zuckeraustauschstoffe ebenfalls Kalorien enthalten können. Die Deklaration „Diabetiker-geeignet" oder „ohne Zuckerzusatz" bedeutet daher nicht, daß diese Getränke weniger oder keine Kalorien haben. Außerdem können größere Mengen an Zuckeraustauschstoffen zu Blähungen und Durchfall führen.

Elektrolyt- und Mineralgetränke

Elektrolyte ist ein anderer Name für Mineralstoffe.

Spezielle Elektrolytgetränke werden als Fertiggetränk, Pulver oder Konzentrat angeboten. Ihre Zusammensetzungen sind sehr unterschiedlich. Sowohl der Kohlenhydratanteil als auch die Mineralstoffzusammensetzung und der Vitaminzusatz variieren. Allen industriell hergestellten Getränken ist jedoch gemeinsam, daß entsprechend dem Lebensmittelgesetz keine Spurenelemente wie Eisen zugesetzt werden dürfen und sie somit keinen vollständigen Ausgleich der Verluste bieten können.

Fruchtsaftprodukte

Je nach Fruchtgehalt werden Fruchtsaftkonzentrate, Fruchtsäfte, Fruchtnektare und Fruchtsaftgetränke unterschieden.

Fruchtsaftkonzentrate

Fruchtsaftkonzentrate sind Säfte, denen man mindestens 50 % des natürlichen Wassergehaltes (zum Beispiel durch Einfrieren) entzogen hat. Auf dem Etikett muß vermerkt sein, welche Menge Wasser man zugeben muß, um Saft in der richtigen Verdünnung zu erhalten.

Fruchtsäfte

Fruchtsäfte sind unvergorene alkoholfreie Getränke. Sie können aus Kern-, Beeren- und Steinobst, Wildfrüchten, Trauben und Südfrüchten gewonnen werden.

Fruchtsäfte bestehen zu 100 % aus Fruchtsaft. Ihnen darf kein Wasser und nur die erlaubte Zuckermenge zugesetzt werden.

Der ernährungsphysiologische Wert von Fruchtsäften liegt in ihrem hohen Anteil an Mineralstoffen, Vitaminen und Kohlenhydraten.

Bei der Herstellung dürfen nur gesetzlich vorgeschriebene Mengen an Zusatzstoffen und Wasser zugefügt werden. Bei Fruchtsäften sind es höchstens 15 g Zucker je Liter Saft. Beeren- und Steinobst sowie Wildfrüchten darf soviel Zucker zugegeben werden, bis sie trinkbar werden; der vorgeschriebene Säuregehalt darf jedoch nicht unterschritten werden.

Die Fruchtsäuren der Säfte bedeuten keine Säurebelastung für den Körper. Ihre Mineralstoffe wirken basisch, worauf unter anderem die günstigen diätetischen Eigenschaften der Säfte beruhen.

Die Palette der im Handel erhältlichen Säfte ist groß und bietet für jeden Geschmack etwas: Apfelsaft, Orangensaft, Kirschsaft, Bananensaft, Ananassaft, Traubensaft, Pfirsichsaft, Birnensaft, Holundersaft, Johannisbeersaft.

Apfelsaft enthält einen hohen Anteil an Kohlenhydraten, Mineralstoffen und Vitaminen (siehe Tabelle 29). Der erfrischende Effekt und die Durststillung sind durch den hohen Zukkergehalt gering. Außerdem haben unverdünnte Apfelsäfte eine hohe Osmolarität und können beim Trinken während des Sports zu Magenproblemen oder Darmbeschwerden führen. Deshalb ist purer Apfelsaft als Sportgetränk wenig geeignet, aber mit dem richtigen Mineralwasser gemischt, d. h. mit einem, das reich an Mineralstoffen ist, ist die Apfelsaftschorle ein wertvolles Sportlergetränk. Dem Körper werden verlorenes Wasser, Mineralstoffe, Spurenelemente und verbrauchte Energie zurückgegeben.

Orangensaft ist der am häufigsten getrunkene Fruchtsaft. Er zeichnet sich neben den üblichen Inhaltsstoffen eines Fruchtsaftes durch einen besonders hohen Vitamin C-Gehalt aus (genaue Angaben s. Tabelle 29).

Traubensaft hat die typischen Eigenschaften eines Fruchtsaftes, doch er zeichnet sich durch einen höheren Zuckergehalt (Traubenzucker) und einen natürlichen Alkoholgehalt (ca. 0,1 %) aus.

Fruchtnektare

Fruchtnektare werden gewonnen, indem man Fruchtsäften Wasser und Zucker zugibt. Sie haben einen Fruchtanteil von 25 % – 50 %.

Fruchtsaftgetränke

Fruchtsaftgetränke haben je nach Obstart einen unterschiedlichen Fruchtanteil: Zitrussäfte müssen mindestens 6 %, Kernobst oder Traubensaft mindestens 30 % und andere Fruchtsäfte mindestens 10 % Fruchtanteil haben.

Fruchtsirup

Fruchtsirup wird durch Aufkochen von klar filtriertem Rohsaft mit Haushaltszucker (Saccharose) hergestellt. Für diese dickflüssige Zubereitung werden vor allem Himbeeren, Erdbeeren, Johannisbeeren und Kirschen, eventuell auch Zitrusfrüchte verwendet. Charakteristisch ist der sehr hohe Zuckeranteil (2 Teile Zucker : 1 Teil Saft).

Gemüsebrühe

Gemüsebrühe hat neben der Unterstützung bei der Auffüllung der Flüssigkeitsverluste weitere Vorteile. Sie hat wenig Kalorien, und sie ist reich an Mineralstoffen. Besonders die Hefegemüsebrühen enthalten viele B-Vitamine. Vor allem im Winter ist die

	Energie kcal/kJ	Kohlenhydrate	Fett	Eiweiß	Vitamin A	Vitamin C	Kalium	Magnesium	Natrium	Calcium	Phosphor	Eisen
Ananassaft	56/234	13,5	0,1	0,4	8	9	149	–	1	15	9	0,3
Apfelsaft	47/197	11,7	–	0,1	7	1	109	4	2	7	8	0,3
Aprikosen-nektar	60/250	14,4	0,1	0,3	105	3	151	–	–	9	12	0,2
Birnen-nektar	55/230	12,9	0,2	0,3	–	–	39	–	1	3	5	0,1
Brombeer-saft	38/159	7,8	0,6	0,3	–	10	170	–	1	12	12	0,9
Grapefruit-saft	39/163	9,0	0,1	0,6	–	40	129	–	2	13	8	0,3
Johannis-beersaft	54/226	13,0	–	0,4	3	30	98	–	5	15	10	0,3
Mandarinen-saft	44/184	9,6	0,2	0,6	42	32	158	–	1	19	15	0,2
Orangensaft	49/205	11,0	0,2	0,7	12	42	186	12	1	13	17	0,4
Traubensaft	69/289	17,1	–	0,2	–	1	132	9	3	12	12	0,4
Zitronensaft	35/146	8,0	0,2	0,4	2	51	142	10	2	11	12	0,2

Tab. 29: Nährstoff-, Mineralstoff- und Vitamingehalt von ausgewählten Fruchtsäften und -nektaren in mg/100 g bzw. µg/100 g (Vitamin A)
Quelle: Elmadfa et al.: Die große GU-Nährwerttabelle

Gemüsebrühe ein ideales Wärmegetränk. Der Magen (und damit auch der übrige Körper) wird erwärmt, und gleichzeitig wird das Hungergefühl befriedigt.

Gemüsesäfte

Gemüsesäfte sind Rohsäfte aus Tomaten, Möhren, Spinat, Rote Bete, Gurken, Rettich, bisweilen auch aus Rhabarber, Bohnen und anderen Gemüsearten. Sie enthalten Kohlenhydrate (hauptsächlich Stärke) und liefern ernährungsphysiologisch wertvolle Ballaststoffe zur Regulierung der Darmtätigkeit.

Auch Mineralstoffe wie Kalium, Calcium, Eisen sowie Vitamine (Provitamin A und Vitamin C) sind in Gemüsesäften enthalten.

Gemüsetrunk ist ein mit Tafel- oder Trinkwasser verdünntes Gemüseerzeugnis, das mindestens 40 % Gemüseanteil haben muß.

Dem Gemüsetrunk können geschmacksabrundende Zutaten wie Salz, Essig, Zucker, Honig, Gewürze oder Kräuter zugegeben werden.

Karottensaft wird häufig in der Säuglingsernährung verwendet. Neben seinem Kohlenhydratgehalt von 5,5 g/l liefert er vor allem das Beta-Carotin (Provitamin A). Dies kann unbegrenzt aufgenommen werden, und wird bei Bedarf im Körper zu Vitamin A umgewandelt. Dieses Vitamin wirkt sich positiv auf den Sehvorgang, das Wachstum, die Fortpflanzung und die Zelldifferenzierung aus. Bei Mangel an Vitamin A kann es zu Nachtblindheit, zur Verdickung der Knochen, besonders im Ohr, was zu Taubheit führen kann, und zu Wachstumsstörungen kommen. Zudem ist das Beta-Carotin ein Antioxidans, das freie Radikale im Körper abfängt und so mithelfen kann, die Körperzellen vor schädlichen Umwelteinflüssen zu schützen.

Tomatensaft ist der am häufigsten getrunkene Gemüsesaft, aus dem auch viele Saftkonzentrate und Trockenpulver gewonnen werden. Er liefert vor allem Provitamin A, Vitamin C und einige Vitamine der B Gruppe.

Früchtetee

Früchtetees sind gute Durstlöscher, die zum Beispiel aus einer Mischung von getrockneten Apfel-, Orangen- und Zitronenschalen hergestellt werden. Zur Geschmacksverbesserung und Färbung wird oft noch etwas Hagebutte oder etwas Holunderbeere hinzugegeben.

	Energie kcal/kJ	Kohlenhydrate (g)	Fett (g)	Eiweiß (g)	Vitamin A (µg)	Vitamin C (mg)	Kalium (mg)	Natrium (mg)	Calcium (mg)	Phosphor (mg)	Eisen (mg)
Karottensaft	27/115	6,0	–	0,6	5,6	–	219	52	27	31	–
Rote-Bete-Saft	42/176	9,5	–	1,0	–	2,9	242	200	–	28	–
Tomatensaft	20/85	4,2	0,04	0,7	0,5	14,8	236	5,1	15	16	0,5
Spinatsaft	12/52	1,7	–	1,4	–	29,0	412	73	1	44	–
Brennesselsaft	12/50	–	–	3,0	–	–	410	18	190	61	–

Tab. 30: Nährstoff-, Mineralstoff- und Vitamingehalt ausgewählter Gemüsesäfte pro 100 g
Quelle: Souci, Fachmann, Kraut: Die Zusammensetzung der Lebensmittel 1986/87

Getreidekaffee

Getreide- oder Malzkaffee sind coffeinfreie Alternativen zu Kaffee. Der Malzkaffee wird aus gerösteter Gerste hergestellt und hat durch gemälzte Gerste eine natürliche Süße. Dieser Kaffee sollte erst direkt vor der Zubereitung gemahlen werden, damit er sein volles Aroma erhält. Eine andere coffeinlose Möglichkeit bietet der Frucht- und Getreidekaffee. Er wird aus gemälzter Gerste, Roggen, Zichorienwurzel, Eichelschrot und Feigen hergestellt und hat ähnliche Eigenschaften wie der Malzkaffee.

Heilwasser

(s. Wasser)

Hypertone Getränke

Hypertone Getränke haben eine höhere Konzentration an gelösten Teilchen als das Blut. Vor der Aufnahme in den Körper wird die gleiche Osmolarität (wie die des Blutes) hergestellt. Dies geschieht, indem dem Organismus kurzfristig Wasser entzogen wird, das in den Magen und den Darm wandert.

Hypertone Getränke sind zum Beispiel reine Obst- oder Gemüsesäfte oder verschiedene Elektrolytgetränke.

Hypotone Getränke

Hypotone Getränke haben eine geringere Konzentration an osmotisch wirsamen Teilchen als das Blut. Mit hypotonen Getränken findet der Flüssigkeitsausgleich sehr schnell statt. Durch die kurze Magenverweildauer sind hypotone Getränke für den Organismus gut verträglich. Zu den hypotonen Getränken gehören Mineralwasser, Leitungswasser, einige Elektrolytgetränke und verdünnte Obst- und Gemüsesäfte.

Isotonische Getränke

Isotonische Getränke haben die gleiche Konzentration an osmotisch wirksamen Teilchen wie das Blut. Dies sagt aber noch nichts über die Art der Zusammensetzung und die Qualität des Getränks aus. So ist zum Beispiel eine 5 %ige Traubenzuckerlösung (50 g Zucker pro Liter) blutisotonisch, obwohl sie keinen einzigen Mineralstoff enthält.

Isotonisch sind auch spezielle Elektrolytgetränke.

Um die isotonischen Eigenschaften zu erreichen und zu nutzen, muß unbedingt die vorgeschriebene Verdünnung bei Pulvergemischen eingehalten werden.

Kaffee

Kaffee ist die meist getrunkene Flüssigkeit der Deutschen. Sein hoher Gehalt an organischen Säuren führt zu einer sauren Reaktion, und es kann vermehrt zu Sodbrennen kommen. Wer Kaffee trinkt, kann durch alkalisches, kohlensäurearmes Wasser oder durch pflanzliche Produkte wie Gemüse, Obst und Kartoffeln ein basisches Gegengewicht schaffen. Wegen seines geringen Vitamin- und Mineralgehaltes und wegen seiner harntreibenden Wirkung ist Kaffee vor dem Sport und dem Training nicht zu empfehlen.

Kakao

Aus den Bohnen des Kakaobaumes wird reines Kakaopulver gewonnen, das in diesem Zustand in Europa kaum erhältlich ist. Es wird weiterverarbeitet zu Kakao-Instant-Getränkepulver, das mit Wasser oder Milch gemischt wird. Dieses Pulver enthält zu 80 % Traubenzucker, weshalb es einen hohen Kaloriengehalt von 272 kcal/ 1142 kJ pro 100 g hat. Außerdem besteht es aus Kakaopulver (20 %), Mineralstoffen (60 mg Natrium, 1500 mg Kalium, 190 mg Calcium, 740 mg Phosphor, 500 mg Magnesium und 12 mg Eisen je 100 g) und Aromastoffen.

Energiegehalt:	52 kcal/219 kJ
Natrium	50 mg
Magnesium	12 mg
Kalium	170 mg
Eisen	0,3 mg
Calcium	120 mg
Phosphor	110 mg

Tab. 31: Inhaltsstoffe: Kakaotrunk aus Magermilch pro 100 g (0,1 l).

Karottenmost

Karottenmost entsteht durch Vergären von Karottensaft mit Milchsäure. Dadurch erhält der Most einen säuerlichen Geschmack. Er enthält alle Mineralstoffe und Vitamine des Karottensaftes und wirkt sich durch die Milchsäure und den hohen Kaliumgehalt positiv auf die Verdauung aus.

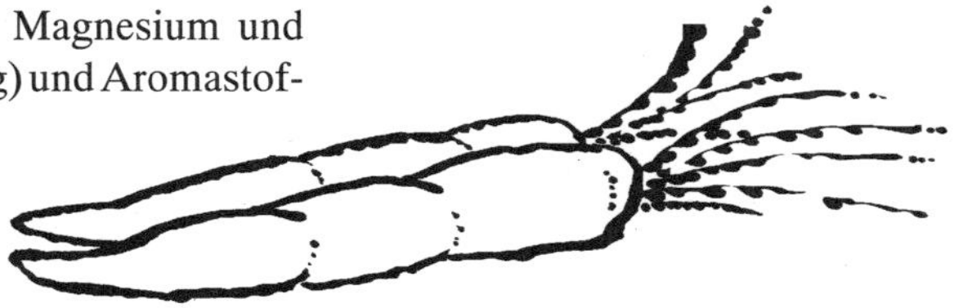

Kräutertee

Kräutertees werden aus Blättern und Blüten hergestellt. Im folgenden einige der wichtigsten Sorten mit ihren unterschiedlichen Wirkungen:

Pfefferminztee wird aus den getrockneten Blättern der Pfefferminzstaude hergestellt und besonders bei Magenschmerzen, Durchfall und Übelkeit eingesetzt.

Kamillentee enthält alle Bestandteile der Kamille. Er wirkt entzündungshemmend und wird deshalb bei Magenschleimhautentzündung eingesetzt. Außerdem hat er eine entblähende und krampflösende Wirkung.

Hagebuttentee wird aus dem Fleisch der Hagebutte hergestellt und häufig zur Farb- und Geschmacksverbesserung im Verhältnis 7:3 mit getrockneten Hibiskusblüten vermischt.

Malventee ist ein rubinroter Aufguß aus den Blüten der Hibiskuspflanze. Er wirkt blutdrucksenkend und stoffwechsel- und verdauungsfördernd.

Auch die Wirkstoffe von Kräutertees sind nicht frei von arzneilicher Wirkung. Für den bereits erkrankten Menschen ist es nützlich, auch den täglichen Kräutertee nach der ihm entsprechenden Wirkung auszusuchen. Arzt und Heilpraktiker helfen dabei. Gesunde und Sportler trinken den Kräutertee zum Genuß und um den Durst zu löschen. Daher müssen hier andere Dinge beachtet werden. Für den Gebrauch als täglichen Haustee und Durstlöscher sollten Kräutertees aus sehr mild wirkenden Pflanzen bevorzugt werden. Dazu zählen Brennessel, Melisse, Hagebutten, Malven, Brombeerblätter, Erdbeerblätter, Frauenmantel und Rosenblüten. Je ausgeprägter die Kräuter in der Wirkung sind, desto öfter ist eine Pause und gleichzeitiger Wechsel auf einen anderen Tee angebracht. Als Faustregel kann gelten: Die Pause sollte so lange dauern wie die Zeit des Gebrauchs.

Im bewußten Schmecken kann der Körper signalisieren, was ihm gut tut. So ändert sich von Zeit zu Zeit „ganz wie von selbst“ der täglich getrunkene Tee – auch deswegen ist es gut, Kräutertees nach Möglichkeit ungesüßt zu trinken.

Light-Getränke

Unter der Bezeichnung „Light“ werden verschiedene Getränke angeboten. Der unreflektierte Konsum dieser Produkte, ohne Rücksicht auf die Art des Produktes oder die Menge, führt nicht unbedingt zu einer besseren oder kalorienärmeren Ernährung, zumal der Begriff „light“ keine gesetzlich geschützte Bezeichnung ist. Anders ist das bei den in der Nährwertkennzeichnungsverordnung für brennwertverminderte Lebensmittel definierten Bezeichnungen „kalorienarm“ oder „kalorienreduziert“. Ein Getränk, eine Gemüsebrühe oder eine Suppe darf nur dann „kalorienarm“ genannt werden, wenn ein Energiegehalt von 20 kcal pro 100 ml nicht überschritten wird. Für die Bezeichnung kalorienreduziert gilt, daß die Erzeugnisse mindestens 40 % weniger Energie haben müssen als das Original bzw. ein vergleichbares Produkt.

„Light“ kann sowohl bedeuten, daß Zucker durch Süßstoff ausgetauscht worden ist, als auch, daß Getränke kohlensäure-, alkohol- oder fettärmer sind.

Limonade

Limonade wird aus Essenzen unter Zusatz von natürlichen Aromastoffen, Zucker, Früchten und Zitronen-, Apfel- oder Weinsäure hergestellt. Wird eine Limonade mit Früchten hergestellt, so muß ihr Fruchtgehalt die Hälfte der für das Fruchtsaftgetränk erforderlichen Menge betragen (s. Fruchtsaftgetränke). Bitter Lemon, Bitter Orange und andere Bittergetränke erhalten ihren bitteren Geschmack durch den Zusatz von Chinin. Der Chiningehalt darf 80 mg/l nicht überschreiten.

Malzbier

Im Vergleich mit Hellbier ist dieses Dunkelbier wegen seines geringen Alkoholgehalts ein empfehlenswerteres Getränk nach dem Sport. Außer den enthaltenen Kohlenhydraten, die einen geringeren Insulinausstoß als Zucker verursachen, sind für den Sportler vor allem die enthaltenen B-Vitamine wichtig. Dem Hopfen wird außerdem eine entspannende Wirkung zugeschrieben.

Milch

In Deutschland ist mit dem Begriff „Milch“ im allgemeinen Kuhmilch gemeint.

Milch gehört im engeren Sinne nicht zu den Getränken, sondern zu den Lebensmitteln. Da Milch jedoch in flüssiger Form wichtige Nährstoffe liefern kann, ist Milch in diese Getränkekunde aufgenommen worden.

Milch wird unterschieden in:

Rohmilch: Nicht erhitzte oder behandelte Milch, die direkt vom Bauern ab Hof verkauft wird.

Vorzugsmilch: Rohmilch, die abgefüllt im Handel erhältlich ist.

Pasteurisierte Milch: Zur Entkeimung erhitzte Milch; Pasteurisieren macht die Milch länger haltbar und leichter verdaulich, ohne die Substanzen wesentlich zu verändern.

	Energie kcal/kJ	Kohlen-hydrate (g)	Fett (g)	Eiweiß (g)	Natrium (mg)	Kalium (mg)	Calcium (mg)	Phosphor (mg)	Magnesium (mg)	Eisen (mg)
Dickmilch	61/254	4,0	3,5	3,3	48	157	120	92	12	0,1
Kefir	61/254	4,0	3,5	3,3	48	157	120	92	12	0,1
Buttermilch	35/144	4,0	0,5	3,5	57	147	109	90	16	0,1
Molke	24/100	4,7	0,2	0,8	45	129	68	43	1	0,1

Tab. 32: Nährstoff- und Mineralstoffgehalt ausgewählter Milchgetränke in g/100 g bzw. mg/100 g
Quelle: Elmadfa et al. : Die große GU-Nährwerttabelle

Homogenisierte Milch: Durch das Homogenisieren werden die in der Milch enthaltenen Fetttröpfchen zerkleinert. Durch diese Oberflächenvergrößerung wird eine größere Kontaktfläche für die Geschmackspapillen erreicht; ebenso verbessert sich durch das Homogenisieren die Verdaulichkeit der Milch.

Handelsübliche Fettgehaltsstufen:
natürlicher Fettgehalt:
mindestens 3,8 %
Vollmilch: mindestens 3,5 %
teilentrahmte Milch: mindestens 1,5 %
entrahmte Milch: maximal 0,3 %

Der **Kohlenhydratgehalt** der Milch in Form von Milchzucker liegt bei 4,8 %, der Eiweißgehalt bei 3,3 % .

Milcherzeugnisse

Zur Gruppe der Sauermilchprodukte gehören:

Dickmilch: Milchsäurebakterien verwandeln Milchzucker in Milchsäure, was das Ausfallen des Milcheiweißes (des Caseins) bewirkt. Die Milch gerinnt zu einer dicklichen, säuerlichen Masse, der Dickmilch.

Joghurt wird durch Zusatz bestimmter Bakterienkulturen aus erhitzter Milch hergestellt.

Kefir und Kumys sind schäumende, leicht alkoholhaltige Getränke, die ursprünglich aus dem Kaukasus kommen und aus Stutenmilch hergestellt wurden. Heute wird hauptsächlich Kuhmilch verwendet. Kefir und Kumys entstehen durch Zusatz von Kefirkörnern beziehungsweise Kumysferment (Milchsäurebakterien, Hefen).

Molke ist eine schwach gelbgrünliche Flüssigkeit, die bei der Käsefabrikation nach der Abscheidung des Fettes und des Caseins durch Säuerung oder Labsubstanz entsteht. Sie enthält Eiweiß (0,7 %), Spuren von Fett, Milchzucker, Mineralstoffe (besonders Calcium) und Vitamine (B_1, B_2).

Buttermilch fällt bei der Verbutterung von Milch oder Rahm neben der Butter an. Es ist eine dickliche Flüssigkeit, die wenig Fett, viel Eiweiß, Milchzucker und Mineralstoffe enthält. Wenn der Buttermilch kein Fremdwasser und keine Magermilch zugesetzt sind, darf sie „Reine Buttermilch“ genannt werden.

Kondensmilch ist eine auf die Hälfte oder zu einem Drittel eingedampfte Vollmilch, die durch Sterilisation oder Zuckerzusatz haltbar gemacht wird.

Ymer ist ein sehr dickflüssiges oder dickgelegtes Sauermilchprodukt, ähnlich der Dickmilch, mit mildsäuerlichem Geschmack, das in Skandinavien sehr verbreitet ist.

Mineralwasser

(s. Wasser)

Multivitamingetränke

Diese Getränke werden, wie die Fruchtgetränke, in Säfte, Nektare, Saftgetränke und Limonaden unterteilt. Sie sind ein Gemisch aus meist 9 – 12 verschiedenen Fruchtsorten. Ein Glas deckt häufig den Tagesbedarf eines Erwachsenen an den zugesetzten Vitaminen. Es gibt diese Säfte, wie so viele andere Lebensmittel, auch in der „Light-Version“.

Gemischt mit mineralstoffreichem Mineralwasser im Verhältnis 1:3 können Multivitaminsäfte ein sinnvolles Sportlergetränk sein, besonders für Sportler wie Jockeys, Ringer oder Turner, die häufig aufgrund des zu haltenden oder zu erreichenden Körpergewichtes eine sehr geringe Kalorienzufuhr bei gleich hohem Vitaminbedarf benötigen.

Quellwasser

(s. Wasser)

Sake

Ein besonders in asiatischen Gebieten getrunkener Reiswein, der aus poliertem, gedämpftem Reis hergestellt wird. Der Reis wird mit Hefe, Wasser und Koji für 6 – 12 Monate gegoren. Sake ist ein stark alkoholisches Getränk (bis zu 20 % Alkohol), das warm getrunken wird.

Schorle

Unter Schorle wird ein mit Mineralwasser verdünntes Getränk verstanden. Eine Schorle mit Fruchtsaft ist ein ideales Sportlergetränk. Dabei sind je nach Sportsituation Mischverhältnisse von 1:5 – 1:1 (Fruchtsaft : Mineralwasser) sinnvoll (siehe Tabelle 22 auf Seite 84).

Sekt oder Schaumwein

Schaumwein ist ein aus Wein oder Traubenmost hergestelltes kohlensäurehaltiges Getränk, das infolge alkoholischer Gärung mindestens 70 g Alkohol in einem Liter enthält.

Der Alkohol in Sekt wirkt schneller als in anderen alkoholischen Getränken, da der Alkohol durch die vorhandene Kohlensäure beschleunigt ins Blut aufgenommen wird. Daher: Vorsicht bei Siegesfeiern!

Sirup

Sirup wird durch Aufkochen von filtriertem, klarem Rohsaft mit Haushaltszucker (Saccharose) zu einer dickflüssigen Zubereitung verarbeitet. Verwendet werden dafür vor allem Himbeeren, Johannisbeeren, Erdbeeren und Kirschen. Sirup hat einen sehr hohen Zucker- (65 – 68 %) und nur einen geringen Mineralstoffgehalt (0,14 – 0,43 %). Er wird zur Herstellung von Limonade, Soßen und Süßspeisen verwendet.

Sojamilch

Sojamilch wird aus eingeweichten gemahlenen Sojabohnen und Wasser hergestellt. Im Vergleich zur Kuhmilch ist Sojamilch etwas bitterer.

Sojamilch hat im Vergleich zur Kuhmilch

- weniger Fett und Kalorien
- mehr Eiweiß und Eisen
- viele B-Vitamine.

Sojamilch ist, besonders für Veganer, ein guter Eiweiß-, Calcium- und Eisenlieferant.

Tafelwasser

(s. Wasser)

	Fett (%)	**EW (%)**	**KH (%)**	**MS (%)**	**Eisen (mg)**	**kcal/kJ**
Sojamilch	1,5	3,6	2,2	0,07	0,8 mg	36/151
Kuhmilch	3,5	3,3	4,8	0,42	0,1 mg	64/267

EW = Eiweiß, KH = Kohlenhydrate, MS = Mineralstoffe

Tab. 33: Vergleich der Inhaltsstoffe von Soja- und Kuhmilch

Tee

Schwarzer und Grüner Tee sind durststillende Getränke mit stimulierender Wirkung auf das zentrale Nervensystem. Tee enthält mehr Coffein als Kaffee, doch hat das Coffein im Tee eine andere Wirkung. Während das Coffein im Kaffee direkt vom Organismus aufgenommen wird und auf das Herz-Kreislauf-System wirkt, wirkt es beim Tee auf das Gehirn und das zentrale Nervensystem. Dadurch ist Tee weniger aufputschend und fördert die Konzentrations-und Reaktionsfähigkeit. Ein weiterer Wirkstoff des Tees ist die Gerbsäure. Sie bremst die Wirkung des Coffeins. Durch die Art der Tee-Zubereitung kann man die Wirkung des Tees beeinflussen:

Läßt man die Teeblätter weniger als zwei Minuten ziehen, tritt fast nur Coffein aus, so daß der Tee dann stimulierend wirkt. Nach etwa fünf Minuten Ziehen tritt die Gerbsäure aus, und der Tee wirkt beruhigend.

Wegen der Gerbsäure wird Tee auch oft als Heilmittel verwendet, besonders bei Magen-Darm-Beschwerden.

Ein zu hoher Teekonsum ist für Sportler nicht zu empfehlen, da er kaum Mineralstoffe enthält und die Gerbsäure im Tee die Eisenaufnahme hemmen kann. Wenn man den Tee mit stillem Mineralwasser zubereitet, erhöht sichdadurch der Mineralstoffgehalt je nach Zusammensetzung des Mineralwassers.

Bei der Zubereitung des **Schwarzen Tees** werden die Blätter fermentiert, wodurch die Konzentration der Gerbsäure abnimmt und die Blätter ihre grüne Farbe verlieren.

Grüner Tee wird besonders in China und Japan getrunken. Da die Blätter nicht fermentiert werden, behalten sie ihre grüne Farbe. Durch die hohe Konzentration an Gerbsäure hat der Tee magenschonende Eigenschaften.

Bei **Olong-Tee** wird die Fermentation frühzeitig abgebrochen, wodurch er ein besonders intensives Aroma enthält.

Trinkjoghurt

Er wird genauso hergestellt wie der normale Joghurt, nur daß er am Ende nicht eingedampft und dadurch nicht stichfest wird. Im Handel ist er nicht pur, sondern mit Frucht- und Zukkerzusatz erhältlich oder als Light-Produkt mit Zuckeraustauschstoffen. Wie fast alle Milchprodukte liefert er Eiweiß und Calcium.

Wasser

Destilliertes Wasser, dem so gut wie alle lebenswichtigen Mineralstoffe entzogen sind, wirkt in größeren Mengen getrunken schädlich für den menschlichen Organismus.

Heilwasser gehört nicht zu den Lebensmitteln, sondern zu den Arzneimitteln und unterliegt dem Arzneimittelgesetz. Es sollte auf Dauer nur unter ärztlicher Kontrolle getrunken werden.

Leitungswasser oder Trinkwasser ist ein streng kontrolliertes Lebensmittel. Es kommt erst zum Verbraucher, wenn es die Grenzwerte der Trinkwasserverordnung erfüllt.

Natürliches Mineralwasser enthält je nach Quelle unterschiedliche Mengen an Mineralstoffen und Spurenelementen. Außerdem werden große Anforderungen an die Reinheit des Mineralwassers gestellt. Um den Flüssigkeitsverlust beim Sport auszugleichen, stellt mineralstoffreiches Mineralwasser ein empfehlenswertes Getränk dar, wobei auf dem Etikett stets ersichtlich ist, wieviel von welchem Mineralstoff enthalten ist. Es gibt kohlensäurehaltige, leichte, die einen verringerten Anteil an Kohlensäure enthalten, und stille Mineralwässer. Sportlern ist ein leichtes oder ein stilles Mineralwasser zu empfehlen (zu Inhaltsstoffen von Mineralwässern siehe Tabelle 20 auf Seite 78/79).

Quellwasser ist ein am Quellort abgefülltes Wasser. Es unterliegt keinem Reinheitsgesetz wie Mineralwässer, sondern nur EG-Verordnungen über Trinkwasser.

Tafelwasser ist ein künstliches Mineral-, Quell- oder Trinkwasser. Die geschmackliche Aufbesserung kann mit natürlichem Salz-, Mineral- oder Meerwasser, das mit Mineralstoffen angereichert ist, erfolgen.

Wein

Wein ist ein aus dem Saft frischer Weintrauben hergestelltes Getränk, das infolge alkoholischer Gärung mindestens 55 g Alkohol pro Liter enthält. Die alkoholische Gärung kann auf der Traubenmaische und auch nach Zugabe von Zucker und Traubenmostkonzentrat vor sich gehen.

Das Flaschenetikett ist die Visitenkarte des Weines. Es gibt Auskunft über Herkunft, Charakter und Qualität des Weines.

Prädikatsweine sind Kabinettweine (erstklassiges Naturgewächs).

Spätlese sind Weine von Trauben, die erst nach dem offiziellen Lesetermin in vollreifem Zustand geerntet werden.

Auslese ist ein aus ausgelesenen, vollreifen, unbeschädigten Trauben hergestellter Wein, der an offizielle Lesetermine nicht gebunden ist.

Beerenauslese wird aus ausgelesenen und für sich gekelterten, vollreifen, edelfaulen oder wenigstens überreifen Beeren gewonnen.

Trockenbeerenauslese ist eine Beerenauslese, die aus rosinenartig geschrumpften Beeren gewonnen wird.

Eiswein wird aus Trauben gewonnen, die bei der Lese und Kelterung gefroren waren.

Yerva / Yerba

Yerva ist die wässrige Aufgußform des Mate-Pulvers (Mate-Tee). Er wird aus den getrockneten Blättern der südamerikanischen Stechpalme gewonnen. Er enthält weniger Coffein und Gerbstoffe als Kaffee oder Tee.

Abc der Sporternährung

Aminosäuren sind die Bausteine des Eiweißes (der Proteine). Es gibt zwanzig verschiedene Aminosäuren, von denen acht für den Erwachsenen essentiell sind. Essentiell bedeutet, daß die acht Aminosäuren Isoleucin, Leucin, Lysin, Methionin, Phenylalanin, Threonin, Tryptophan und Valin nicht vom menschlichen Organismus hergestellt werden können, sondern über Speisen und Getränke in ausreichender Menge zugeführt werden müssen.

Jede Spezies (Mensch, Tiere und Pflanzen) hat ein bestimmtes Aminosäurenmuster. Die Aminosäurenzusammensetzung eines Lebensmittels oder der Speisen bestimmen die biologische Wertigkeit des enthaltenen Eiweißes. So ergibt zum Beispiel eine Kombination von pflanzlichen Nahrungsmitteln wie Getreide mit Milch und Milchprodukten eine ideale Aminosäurenzusammensetzung der Mahlzeit, die im Idealfall eine höhere biologische Wertigkeit haben kann als Fleisch.

Antioxidantien: Zu den Antioxidantien gehören Selen sowie die Vitamine C und E und das Beta-Carotin, die Vorstufe vom Vitamin A. Diese Stoffe wirken negativen Wirkungen des Sauerstoffes und anderer freier Radikale entgegen. Freie Radikale können wichtige Zellstrukturen im Organismus zerstören. Somit fällt „Zellschrott“ an, der recycelt werden muß, denn die Zelle geht sparsam mit ihren Ressourcen um und kann sich keinen Müllberg leisten. An der Stelle der zerstörten Zellen müssen natürlich neue hergestellt werden. Dies kostet trotz Recycling zusätzlich Energie. Bei einer einzelnen Zelle ist dies ohne Probleme möglich. Häufen sich jedoch die Schäden aufgrund von starken Radikalbelastungen, so wird die Zelle extrem gestreßt und in ihrer normalen Funktion beeinträchtigt. Hinzu kommt, daß nach einer solchen Reaktion Bestandteile der Zelle selbst als Radikale wirken. Nicht nur die Zelle selbst wird gestört, sondern es wird auch eine Kettenreaktion ausgelöst.

Freie Radikale kommen sowohl endogen, das heißt im Stoffwechsel, vor, zum Beispiel in der Atmungskette, als auch exogen, das heißt außerhalb vom Körper, in der Umwelt, zum Beispiel bei Luftverunreinigungen, in Pestiziden, im Zigarettenrauch und bei Sonneneinstrahlung. Freie Radikale gehören zum Leben und zum Sport wie die Luft zum Atmen. Der Organismus ist ständig diesen Teilchen ausgesetzt.

Da die Menschen den Einflüssen der freien Radikale seit Anbeginn der Evolution ausgesetzt sind, haben sie gelernt, sich mittels Antioxidantien gegen solche Störungen zur Wehr zu setzen.

Wenn die freien Radikale im Organismus überhandnehmen, können sie zu unerfreulichen Störungen führen: Sie können biologische Membranen schädigen, unentbehrliche Nährstoffe zerstören und vor allem Bausteine der Gene, die Nukleinsäuren, angreifen, die für eine geordnete Zellvermehrung und die Weitergabe der Erbinformationen verantwortlich sind.

Die Zunahme freier Radikale im Organismus wird als Mitursache zahlreicher Erkrankungen angesehen: Krebs, Arteriosklerose, Grauer Star, einige Hauterkrankungen, entzündliche Immunschädigungen (Arthritis, Rheuma), senile Demenz (Alzheimer Krankheit).

Es kommt jetzt darauf an, dem Organismus ausreichend Antioxidantien zur Verfügung zu stellen, damit das Verhältnis freier Radikale zu Antioxidantien sich die Waage hält.

Die Schutzpolizei gegen freie Radikale, die Antioxidantien, die Vitamine C und E sowie die Carotinoide (darunter auch das Provitamin A), und das Spurenelement Selen können mit Speisen und Getränken aufgenommen werden. Dadurch wird einerseits der Bedarf an diesen lebenswichtigen Nährstoffen gedeckt, andererseits werden zusätzlich noch Barrieren gegen den Angriff der Radikalen geschaffen – und dies schon im Vorfeld, den Verdauungs- und Verteilungssystemen Magen-Darm-Trakt und Blutplasma.

Die verschiedenen Antioxidantien haben dabei unterschiedliche Rollen: Vitamin C und Selen sind wasserlöslich und wirken in den wässrigen Körperräumen; Carotinoide und Vitamin E sind fettlöslich und wirken vor allem im Fettgewebe, wo sie auch eingelagert werden.

Die Funktionsweise der Antioxidantien läßt sich sehr anschaulich durch folgendes Bild erklären: Auf einem Billardtisch liegen 25 bunte Kugeln in einer harmonisch geordneten Figur. Doch nun würde der Billardspieler mit einem kräftigen Stoß mit der weißen Kugel mitten in die Figuration frontal auf eine bunte Kugel spielen. Die weiße Kugel würde ihre Bewegungsenergie verlieren und langsam ausrollen. Die angestoßene bunte Kugel jedoch würde jetzt an Stelle der weißen wegflitzen, auf eine zweite und dritte knallen, wodurch diese wegflitzen würden usw. Wäre der Stoß kräftig genug, so könnte auf diese Art der harmonische Aufbau völlig durcheinandergebracht werden. Der Spieler hätte mit seinem Stoß eine Kettenreaktion ausgelöst.

Nun würde jemand eine der 25 geordneten bunten Kugeln durch einen kleinen bunten Sandsack austauschen. Was würde passieren? Nun, im Prinzip das Gleiche wie vorher, bis eine Kugel auf das Sandsäckchen treffen würde. Der Sack würde nicht wie eine Kugel wegspritzen, sondern sich höchstens etwas verschieben, aber der ihn anstoßenden Kugel trotzdem fast alle Bewegungsenergie nehmen und die Kettenreaktion unterbinden. Käme das Säckchen zu einem frühen Zeitpunkt ins Spiel, könnte es die Ordnung der Billardkugeln auf dem Tisch weitgehend retten. Die Chance, daß es als erstes angestoßen wird, beträgt in unserem Beispiel jedoch nur 1:25. Je mehr Kugeln auf dem Tisch gegen Säckchen ausgetauscht werden, um so schwerer hätte es der Spieler, mit einem Stoß die Ordnung zu zerstören.

Genauso verhält es sich mit den freien Radikalen und Antioxidantien. Die Sandsäckchen entsprechen den Antioxidantien wie Beta-Carotin, Vitamin C, Vitamin E oder Selen und die weiße Kugel dem Radikal. Die Antioxidantien fangen das Radikal ein, indem sie es selbst oder mit einem Folgeprodukt in der Kettenreaktion neutralisieren. Sie machen dadurch eine Kettenreaktion unmöglich beziehungsweise unterbrechen sie, sobald sie ins Spiel kommen.

Reich an Antioxidantien sind Obst und Gemüse beziehungsweise die entsprechenden Obst- und Gemüsesäfte. Das sind zum Beispiel Karotten und Karottensaft, Spinat, Brokkoli, Reis, Kiwis, Orangen und Orangensaft, Apfel und Apfelsaft oder schwarze Johannisbeeren.

Aromastoffe sind sekundäre Pflanzeninhaltsstoffe, deren genaue Bedeutung und Wirkung im Organismus noch nicht bekannt ist. Sie werden als Geruchs- und Geschmacksstoffe in Lebensmitteln und Getränken verwendet und tragen somit zum Teil auch zur Bekömmlichkeit einer Speise oder eines Getränks bei.

Ascorbinsäure ist der wissenschaftliche Name für Vitamin C.

ATP (Adenosintriphosphat) ist eine Phosphorverbindung und ein Energiespeicher im Körper. Die aus Nährstoffen gewonnene Energie wird für den Aufbau von ATP verwendet. Bei der Spaltung des ATP wird diese Energie wieder frei und dient zum Beispiel dazu, Muskelkontraktionen zu ermöglichen.

Ballaststoffe sind Kohlenhydrate, die vom Körper nicht abgebaut werden können. Es werden zwei Gruppen von Ballaststoffen unterschieden: wasserunlösliche wie Cellulose und wasserlösliche wie Pektine. Die Cellulose (in Getreideprodukten) bewirkt durch ihre Quellfähigkeit eine Volumenvergrößerung des Speisebreies, somit stärkere Darmbewegungen und eine beschleunigte Darmpassage. Pektine (in Obst und Gemüse) haben die positive Eigenschaft, Cholesterin und Fette zu binden und aus dem Körper abzutransportieren bzw. die körpereigene Synthese von Cholesterin zu drosseln.

Die Aufnahme ballaststoffreicher Lebensmittel hat für den Sportler den Vorteil, daß die Kohlenhydrate langsamer in die Blutbahn aufgenommen werden. Sie sorgen so für einen gleichmäßigeren Blutzuckerspiegel.

Lebensmittel	Ballaststoffe in g/100 g	verzehrfertige Portion in g	g Ballaststoffe pro Portion
weiße Bohnen	7	250	17,5
Linsen	4	250	10,0
Erbsen	4	250	10,0
Himbeeren	7	125	8,7
Vollkornbrot	7	50	3,5
Müsli	12	35	3,4
Weizen, geschrotet	9	35	3,0
Erdbeeren	2	125	2,5
Vollkornhaferflocken	7	30	2,1
Äpfel	2	100	2,0
Knäckebrot	15	10	1,5

Tab. 34: Ballaststoffanteile in verschiedenen Lebensmitteln

Ballaststoffreiche Lebensmittel sind Vollkorn- und Getreideprodukte, Obst, Wurzel- und Knollengemüse, Hülsenfrüchte und Nüsse.

Carotinoide: In der Natur existieren über 400 verschiedene Carotinoide. Das Beta-Carotin ist eines der wichtigsten und am häufigsten vorkommenden Carotinoide. Beta-Carotin ist die Vorstufe von Vitamin A. Es wird deshalb als Provitamin A bezeichnet. Allerdings wird nur ein Teil direkt in Vitamin A umgewandelt. Der Rest wird gespeichert.

Die besten Quellen für Beta-Carotin sind tiefgelbe beziehungsweise orange Früchte und Gemüse beziehungsweise deren Säfte sowie dunkelgrüne Blattgemüse. So enthalten z.B. 100 g Karotten 6,6 mg, Spinat 4,9 mg, Mangos 2,0 mg, Aprikosen 1,6 mg, Brokkoli 1,5 mg, Tomaten 0,5 mg, Pfirsiche 0,5 mg und Orangen 0,1 mg Beta-Carotin.

Beta-Carotin hat antioxidative Eigenschaften und kann daher auch das Immunsystem stärken.

Cholesterin ist eine Fettart, die ausschließlich in tierischen Produkten vorkommt. Der menschliche Körper kann Cholesterin auch selbst herstellen. Er benötigt es zum Aufbau von Hormonen, Gallensäure und Zellmembran. Es werden verschiedene Cholesterin-Fraktionen unterschieden. Zu den wichtigsten gehören das HDL und LDL. Das LDL bringt das Cholesterin zu den verschiedenen Geweben und leider auch zu Arterien, was die Arterienverkalkung verursachen kann. Das HDL hat die Aufgabe, das Cholesterin zu entfernen, weshalb es auch das „gute Cholesterin" genannt wird. Aufgrund dieser Wechselwirkung garantiert ein niedriger Cholesterinwert von unter 200 mg/dl nicht immer ein niedriges Koronarrisiko, sondern das Verhältnis HDL zu LDL ist entscheidend. Anzustreben ist ein hoher HDL- und ein niedriger LDL-Spiegel im Blut. Die meisten Menschen mit Herzerkrankungen haben einen zu niedrigen HDL-Wert. Genetische Störungen können eine Ursache für die ungünstigen Werte sein. Nicht zu rauchen, eine vernünftige Ernährung, körperliche Aktivität und ein normales Körpergewicht haben einen günstigen Einfluß auf den HDL-Spiegel.

Diuretika sind Medikamente, die die Wasserausscheidung fördern und somit zu einer Gewichtsreduktion führen. Diuretika wurden in die Doping-Liste aufgenommen, da diese Einflußnahme auf das Körpergewicht als Leistungsmanipulation angesehen wird. Eine langfristige Einnahme von Entwässerungsmitteln kann unter anderem zu einem Mineralstoffmangel führen.

Eiweiß ist ein anderer Name für Protein (siehe dort).

Energiebedarf ist die Bezeichnung für die Energie, die der Mensch für Stoffwechselvorgänge benötigt. Der Energiebedarf setzt sich zusammen aus dem Grundumsatz, d. h. der Energie, die der Mensch in völliger Ruhe benötigt, um alle lebensnotwendigen Stoffwechselvorgänge aufrechtzuerhalten, und dem Arbeitsumsatz oder Sportumsatz, um zusätzliche Leistungen und sportliche Aktivitäten zu ermöglichen. Der Grundumsatz wird von Alter, Geschlecht und Gewicht bestimmt, je nach körperlicher Aktivität und muskulärer Belastung ergeben sich Arbeits- und Sportumsatz.

Enzyme sind Eiweißverbindungen, die chemische Reaktionen im Körper beschleunigen und lenken.

Fette sind konzentrierte Energielieferanten, die im Körper zu Fettsäuren abgebaut werden. Neben der Energielieferung ist die Zufuhr der essentiellen Fettsäure Linolsäure wichtig. Linolsäure kann der Körper nicht selbst herstellen. Sie muß mit der Nahrung zugeführt werden.

Die Zufuhr von gesättigten und ungesättigten Fettsäuren sollte in einem Verhältnis von 1:3 erfolgen. Je höher die Zufuhr von ungesättigten Fettsäuren ist, desto höher ist auch der Bedarf an Vitamin E. Generell sollte die Fettzufuhr etwa 100 g pro Tag betragen. Dieser Wert wird heute jedoch von vielen Menschen überschritten.

Flüssigkeit: Bei körperlicher Aktivität schwitzt der Körper und schützt

Kalorienverbrauch pro Minute

... beim Sport

Sportarten	**Körpergewicht in kg**			
	50	**60**	**70**	**80**
Badminton	4,8	5,8	6,8	7,8
Joggen (10 km/h)	7,6	9,2	10,7	12,3
Radfahren (15 km/h)	4,9	5,9	6,8	7,8
Schwimmen (langsames Kraulen)	6,4	7,7	9,0	10,3
Tanzen (Disco)	4,7	5,7	6,6	7,6
Tennis	5,5	6,5	7,6	8,7
Wandern	6,6	7,9	9,3	10,6

... und im Beruf und Alltag

Aktivität	**Körpergewicht in kg**			
	50	**60**	**70**	**80**
Auto waschen	2,7	3,3	3,8	4,4
Bügeln	1,6	1,9	2,2	2,5
Fenster putzen	2,9	3,5	4,1	4,6
Klavier spielen	2,0	2,4	2,8	3,2
Rasen mähen	5,0	6,0	7,0	8,0
Teppich klopfen	2,3	2,8	3,3	3,7
Treppensteigen	8,5	9,5	10,5	11,5

Tab. 35: Kalorienverbrauch pro Minute bei verschiedenen Tätigkeiten und unterschiedlichem Körpergewicht

Energiebedarf = Grundumsatz + Arbeitsumsatz + Sportumsatz

Beispiel:
Büroangestellter, 70 kg Körpergewicht,
durchschnittlich 30 Minuten Sport am Tag

Grundumsatz: 70 kg × 1 kcal × 24 h =	1680 kcal
Arbeitsumsatz:	ca. 500 kcal
Sportumsatz: 30 Minuten Badminton 6,8 × 30 =	204 kcal
Tages-Energiebedarf	**2384 kcal**

sich so vor Überhitzung. Schwitzen ist deshalb sehr wichtig. Neben Wasser enthält der Schweiß Mineralstoffe und wichtige Spurenelemente.

Flüssigkeitsverluste haben normalerweise ein Durstgefühl zur Folge. Die Durstregulation kann jedoch unter körperlicher und nervlicher Anspannung leicht aus dem Gleichgewicht gebracht werden, so daß sich das Durstempfinden erst verspätet einstellt. Deshalb sollte sich der Sportler schon im Training einen individuellen Trinkrhythmus angewöhnen und auch dann trinken, wenn er (noch) keinen Durst verspürt. Wird der Flüssigkeitsverlust nicht oder nicht ausreichend aufgefüllt, sinkt die Leistungsfähigkeit rasch ab. Außerdem kann ein hoher Verlust an Wasser, Mineralstoffen und Spurenelementen zu Muskelkrämpfen, Schwindelgefühl, Übelkeit, Erbrechen bis hin zum Hitzekollaps führen.

Galactose entsteht im Körper aus Milchzucker und wird in der Leber in Glucose und Glykogen umgewandelt. Außerdem ist Galaktose in pflanzlichen Polysacchariden enthalten. Galactose liegt in der Natur nicht in freier Form vor.

Glucose (= Dextrose, Traubenzucker, Maiszucker) ist Hauptbaustein der Polysaccharide Stärke, Glykogen und Cellulose. Bestimmte Organe und Gewebe wie Gehirn und Erythrozyten (rote Blutkörperchen) decken ihren Energiebedarf praktisch ausschließlich aus Glucose.

Glykogen ist das Reservekohlenhydrat des menschlichen Organismus. Es wird aus Glucose (Traubenzucker) aufgebaut und in der Leber und Muskulatur gespeichert.

Glykolyse ist der Abbau von Glucose zur Energiegewinnung.

Hungerast ist eine Bezeichnung für Unterzuckerung (siehe dort).

Hydrogencarbonat ist Hauptbestandteil des Puffersystems im Organismus. Die durch sportliche Tätigkeit im Muskel anfallende Milchsäure sowie die mit Lebensmitteln und Getränken aufgenommenen säurebildenden Bestandteile müssen täglich im Organismus neutralisiert werden. Hydrogencarbonat "puffert", das heißt es wirkt der Anhäufung saurer Stoffwechselprodukte entgegen.

Jod: Jodmangel gehört zu den am meisten verbreiteten Mangelerscheinungen in Deutschland. Folgen können Kropfbildung, Störungen im Hormonhaushalt und langsamere Entwicklung der körperlichen und geistigen Fähigkeiten bei Kindern, Müdigkeit, Konzentrationsschwäche und Lern- und Merkschwierigkeiten sein. Auch bei Sportlern ist eine ausreichende Jodzufuhr unbedingt notwendig. Mit einem Liter Schweiß werden ca. 10 μg Jod ausgeschieden. Neben dem Verzehr von jodreichen Lebensmitteln wie Seefisch, Milch und einigen jodhaltigen Mineralwässern sollte deshalb in der Küche unbedingt Jodsalz verwendet werden.

Joule ist eine Maßeinheit für den Energiegehalt der Lebensmittel und Getränke. Auch der Energieverbrauch des Körpers wird in Joule gemessen. 1 Kilojoule = 1 kJ = 1000 Joule = 0,239 Kilokalorien (kcal).

Kalorie ist eine Maßeinheit für den Energiegehalt von Lebensmitteln und Getränken. 1 Kilokalorie = 1 kcal = 1000 Kalorien. Die ältere Maßeinheit Kalorie wurde durch Joule ersetzt. 1 kcal = 4,2 kJ.

Körpergewicht. Das richtige Körpergewicht ist eine individuelle Größe. Ein einfacher Orientierungsmaßstab für Erwachsene ist das Normalgewicht nach Broca.

Die Broca-Formel lautet:
Normalgewicht =
Körpergröße in cm minus 100.

Abweichungen von 10 % vom Normalgewicht, sind gesundheitlich unbedenklich. Erst ab 20 % Abweichung treten vermehrt gesundheitliche Risiken und Probleme auf.

Ein etwas komplizierterer, aber genauerer Maßstab ist der Body Mass Index (BMI):

$$\textbf{Body-Mass-Index} = \frac{\textbf{Körpergewicht in kg}}{\textbf{Größe in m}^2}$$

Das Ergebnis der Body-Mass-Index-Formel läßt folgende Rückschlüsse zu:

BMI unter 18
= Untergewicht

BMI zwischen 18 und 25
= Normalgewicht

BMI zwischen 26 und 30
= leichtes Übergewicht

BMI über 30
= Übergewicht (eine Gewichtsabnahme ist anzuraten)

Bei Sportlern reicht das Körpergewicht als Maßstab zur Bestimmung des Ernährungszustandes nicht immer aus. Denn wenn sich auch das Gewicht im Laufe des Trainings nicht ändert, die Körperzusammensetzung tut es oft. Üblicherweise geht Körperfett verloren, während die Muskelmasse zunimmt. Die Körperzusammensetzung kann durch Messung der Hautfaltendicke oder durch elektrische Widerstandsmessung bestimmt werden. Der „übliche" Fettgehalt liegt bei Frauen bei 20 – 22 %, Sportlerinnen streben 10 % an. Die Norm für junge Männer liegt bei 14 – 16 %, Sportler streben 5 – 7 % an. Ein Fettgehalt von weniger als 5 % des Körpergewichts wird als medizinisch bedenklich eingestuft.

Kohlenhydrate sind das Muskelbenzin des Körpers. Der Sportler benötigt sie nicht nur am Wettkampftag. Gefüllte Glykogenspeicher in Leber und Muskel tragen entscheidend zur Ausdauerleistungsfähigkeit bei. Um diese Speicher optimal mit Kohlenhydraten anzureichern, sollte der Sportler vor einem wichtigen Wettkampf eine entsprechend kohlenhydratreiche Ernährung einhalten. Kohlenhydratreiche Lebensmittel sind insbesondere Kartoffeln, Reis, Nudeln, Müslimischungen, Vollkornhaferflocken, Bananen und Trockenobst. Als Faustregel gelten 7 – 8 g Kohlenhydrate pro kg Körpergewicht.

Kreatinphosphat (KP) ist eine energiereiche Phosphorverbindung. Es dient zur Auffüllung des Energiespeichers ATP, indem es seine Phosphatgruppe an das ADP, eine Vorform des ATP, abgibt, das sich dadurch in ein ATP „verwandelt“.

Eine fünftägige Energiekur mit 20 g Kreatin pro Tag vergrößert die Kreatinspeicher in den Muskelzellen entscheidend. Insbesondere für die anaerobe Energiegewinnung, die bei Sportarten in der Leichtathletik, aber auch bei Spielsportarten wie Fußball, Handball, Eishockey und Volleyball sowie für Ballrückschlagspiele wie Tennis, Badminton und Squash häufig einen leistungsbegrenzenden Faktor darstellen, ist die Kreatinergänzung eine effektive Möglichkeit, die Leistung zu steigern.

Im Sport bewährt haben sich Kreatinpräparate aus der Apotheke.

Laktat: Im Muskel gespeicherte Kohlenhydrate können zum Teil ohne Sauerstoff zur Energiegewinnung verwertet werden. Dieser Vorgang wird als anaerobe Glykolyse bezeichnet. Er wird bevorzugt, wenn sehr schnell Energie benötigt wird, oder bei intensiver Belastung. Als Endprodukt entsteht Milchsäure (Laktat). Wird Milchsäure hierbei schneller produziert als aus dem Muskel abtransportiert, erhöht sich die Konzentration im Muskel, und es kann zur Übersäuerung des Muskels kommen. Dies kann zur schnelleren Ermüdung des Sportlers oder zu Muskelkrämpfen führen.

Mineralstoffgetränke: Da beim Schwitzen neben viel Flüssigkeit auch Mineralstoffe verlorengehen, versuchen viele Sportler, diese Verluste mit Hilfe von Sport-Mineralgetränken auszugleichen. Der vollständige Ausgleich an Mineralstoffen ist damit nicht möglich. Industriell hergestellte Mineralstoffgetränke unterliegen dem deutschen Lebensmittelgesetz und nicht der Diätverordnung; dementsprechend dürfen ihnen keine Spurenelemente zugesetzt werden. Ein vollständiger Ausgleich ist mit den in Deutschland erhältlichen handelsüblichen industriellen Sport-Getränken somit nicht möglich. Anders sieht die gesetzliche Regelung in der Schweiz aus. Die Schweizer Lebensmittelverordnung schreibt direkt vor, daß eine Nahrung nur dann als Ergänzungs- oder Zusatznahrung für Sportler bezeichnet werden darf, wenn sie die normale Ernährung derart ergänzt, daß besondere ernährungsphysiologische Bedürfnisse befriedigt werden können. Und zu den Ausführungen über elektrolythaltige Produkte heißt es im Gesetz, daß diese neben gut resorbierbaren Kohlenhydraten die wichtigsten im Schweiß vorhandenen Elektrolyte (Mengen- und Spurenelemente) enthalten müssen. Zu den notwendigen und wichtigen Mengenelementen gehört Natrium, zu den Spurenelementen das so wichtige Eisen.

Mineralstoffpräparate: Eine langfristige Einnahme von hochdosierten Mineralstoffmonopräparaten wie Magnesium- oder Calciumtabletten kann den Mineralstoffhaushalt des Sportlers aus dem Gleichgewicht bringen. Denn Calcium und Magnesium werden über dieselben Transporter vom Darm in das Blut befördert. Gleichzeitig hemmt eine hohe Einzelaufnahme von Magnesium oder Calcium auch die Verwertung lebenswichtiger Spurenelemente wie Eisen, Kupfer oder Zink. Wer mit einer einseitig hohen Aufnahme von Calcium- oder Magnesiumpräparaten seine Mineralstoffversorgung verbessern möchte, schadet sich eher, als daß er sich hilft. Nicht so bei Mineralwässern, die ein Calcium-Magnesium-Verhältnis von 2:1 aufweisen. Bei derartigen Mineralwässern werden beide Mineralstoffe in einem sinnvollen Verhältnis zueinander aufgenommen, denn die empfohlene tägliche Zufuhrmenge ist beim Calcium etwa doppelt so hoch wie beim Magnesium.

Wenn insbesondere die Calciumaufnahme aus Mineralwasser von hoher Bedeutung ist, zum Beispiel bei erhöhtem Risiko für Osteoporose, sollte auch das Calcium-Natrium-Verhältnis berücksichtigt werden. Ein sehr empfehlenswertes Calcium-Natrium-Verhältnis für ein Mineralwasser ist 10:1.

Milchzucker ist ein natürliches Kohlenhydrat, das bereits in der Babyernährung Anwendung findet. Bei Sportlern kann Milchzucker neben der Erhöhung der Kohlenhydratzufuhr die Verdauung verbessern. Zudem fördert Milchzucker die Aufnahme von wichtigen Mineralstoffen wie Calcium, Magnesium und Phosphor.

Nährstoffe sind in Lebensmitteln und Getränken enthaltene Stoffe, die dem Aufbau des Körpers, dem Ersatz verbrauchter Körpersubstanz, der Regulierung des Stoffwechsels und der Lieferung der Energie dienen. Hauptnährstoffe sind Kohlenhydrate, Fette und Eiweiß. Mikronährstoffe sind Vitamine, Mineralstoffe und Spurenelemente.

Proteine sind wichtige Bausteine sämtlicher Körpergewebe und für Wachstum und Erneuerung der Zellen unentbehrlich. Sie sind notwendiger Bestandteil von Hormonen und Enzymen. Da bei einer körperlichen und geistigen Belastung vermehrt Protein im Körper umgesetzt wird, steigt der Proteinbedarf bei Sportlern an. Jedoch steigt hauptsächlich der Bedarf an Energie. Da dieser durch die vermehrte Nahrungsaufnahme ausgeglichen wird, werden fast automatisch auch mehr Proteine aufgenommen. Proteinkonzentrate sind bei Sportlern nicht notwendig, auch wenn bei intensiven Belastungen, zum Beispiel beim Marathon, bis zu 10 % der verbrauchten Energie aus Körpereiweiß gewonnen wird. Dieser erhöhte Eiweißverbrauch kann in der Nachtrainings- und Nachwettkampfkost durch leicht verdauliche, proteinhaltige Speisen und Getränke wie Aufläufe mit Nudeln, Getreideprodukte, Müsli mit Joghurt oder Milch oder Kartoffelgerichte mit Ei ausgeglichen werden.

Purine sind am Stoffwechsel beteiligte Verbindungen, die als Zellbestandteile aller Lebewesen auch in Lebensmitteln und Getränken vorkommen. Purine werden im Körper zu Harnsäure abgebaut. Besonders viele Purine sind im Fleisch enthalten. Bei einer zu hohen Purinzufuhr sollte man darauf achten, viel zu trinken, damit die zuviel entstandene Harnsäure mit dem Urin ausgeschieden werden kann. Ein hoher Gehalt an Harnsäure im Körper erhöht das Risiko, an Gicht zu erkranken.

Quellstoffe gehören zu den Ballaststoffen. Sie binden Wasser, regen die Darmfunktion an und sorgen für einen geregelten Stuhlgang. Enthalten sind Ballaststoffe besonders in Vollgetreide, Hülsenfrüchten, Gemüse, Obst und Kartoffeln.

Reis: Unpolierter, ungeschälter Reis ist ein hochwertiges kohlenhydratreiches Lebensmittel, das in der Ernährung des Sportlers seinen festen Platz haben sollte. Das Reiskorn besteht zu 75 % aus Kohlenhydraten, 7,5 % aus Eiweiß, 2 % aus Fett sowie aus vielen Mineralstoffen, Spurenelementen und reichlich Vitamin B_1, B_2 und Niacin. Vor dem Training oder Wettkampf sollte parboiled Reis bevorzugt werden. Durch ein spezielles Verfahren werden bei diesem die Vitamine und Mineralstoffe aus den Randschichten des Kornes in das Innere gepreßt. Erst danach wird das Reiskorn geschält und von den Ballaststoffen getrennt. Ballaststoffe sind zwar sehr wichtig in der Ernährung, doch während des Wettkampftages häufig eine Belastung, da die

Magenverweilzeit der Speisen verlängert wird.

Resorption ist die Aufnahme der durch viele Verdauungsvorgänge anfallenden Spaltprodukte der Nährstoffe in das Blut oder in das Lymphsystem. Aufnahme und Durchtritt durch die resorbierenden Schleimhautzellen erfolgt mit Hilfe verschiedener Resorptionsmechanismen. Hauptort der Resorption ist der Dünndarm.

Respiratorischer Quotient (RQ): Je nach Nährstoff werden bei der Verbrennung von Kohlenhydraten, Fett und Eiweiß unterschiedliche Sauerstoffmengen benötigt. Der RQ ergibt sich aus dem Verhältnis der bei der Oxidation freigewordenen Menge Kohlendioxid zu der aufgenommenen Sauerstoffmenge. Der RQ für Kohlenhydrate beträgt 1, für Fette 0,7 und für Eiweiß 0,81. Mit Hilfe des RQ läßt sich die Beteiligung der verschiedenen Nährstoffe am Energieumsatz bestimmen. Liegt der RQ zwischen 0,9 und 1, werden maßgeblich Kohlenhydrate zur Energiegewinnung herangezogen. Mit zunehmender Dauer der Belastung sinkt der RQ ab. Dies bedeutet eine zunehmende Mobilisierung der Fettreserven.

Stärke ist ein wichtiges pflanzliches Kohlenhydrat. Die bedeutendste Quelle sind Getreideprodukte, Hülsenfrüchte und Kartoffeln. Beim Verdauungsvorgang wird die Stärke zu Glucose (Traubenzucker) gespalten.

Stoffwechsel ist die Bezeichnung für alle chemischen Abläufe im Körper. Hierzu zählt zum Beispiel der Abbau der Nahrung in kleinste Teile und deren Verwertung. Energiegewinnung, Auf-, Um- und Abbau von Körpersubstanz und die Ausscheidung von Stoffwechselprodukten sind weitere wesentliche Aufgaben des Stoffwechsels.

Traubenzucker wird auch als Dextrose oder Glucose bezeichnet. Er wird industriell aus Mais oder Kartoffelstärke gewonnen. Im Handel ist er in Form von Tabletten oder Pulver erhältlich. Traubenzucker ist ein reines Kohlenhydrat und enthält weder Vitamine noch Mineralstoffe oder Spurenelemente. Er geht nach der Einnahme in wenigen Minuten ins Blut über. Wie alle Kohlenhydrate, zum Beispiel auch der Haushaltszucker, kann er nur bei ausreichender Vitamin B-Zufuhr optimal verstoffwechselt werden. Reich an Vitamin B sind alle Vollkornprodukte, Schweinefleisch sowie Hefeprodukte wie honigsüße Hefeflocken, Hefe-Extrakte oder Gemüsebrühen.

Unterzuckerung beim Sport, auch als Hungerast bezeichnet, ist gekennzeichnet durch ein Absinken der Leistungsfähigkeit während der sportlichen Betätigung. Ursache kann eine Entleerung des Glykogendepots in der Leber sein, das infolgedessen nicht mehr in der Lage ist, den Blutzuckerspiegel auf konstantem Niveau zu halten. Besonders betroffen ist die Konzentrations- und Koordinationsfähigkeit während der sportlichen Belastung. Diese Situation geht häufig mit einem plötzlichen Hunger-, Kraftlosigkeits- und Schwindelgefühl sowie mit Schweißausbrüchen einher und zwingt dadurch Athleten oft zum Abbruch der sportlichen Tätigkeit. Durch eine kohlenhydratreiche Vorwettkampfkost und die rechtzeitige Einnahme von kohlenhydratreichen Sport-Snacks wie Müsliriegeln, Trokkenobst und Bananenstückchen sowie kohlenhydrathaltigen Sport-Schorlen, Mischungen aus mineralstoffreichem Mineralwasser mit Apfel- oder Orangensaft im Verhältnis 3:1 kann dieser Situation vorgebeugt werden.

Vegetarismus: Die vegetarische Ernährungsweise wird immer beliebter. Gründe gibt es viele. Sie reichen von gesundheitlichen Aspekten über religiöse, ethische bis hin zu ökologischen Gründen. Der vegetarischen Ernährung wird wegen der erhöhten Kohlenhydratzufuhr durch pflanzliche Lebensmittel eine Steigerung der Leistungsfähigkeit, eine Verbesserung der Widerstandskraft gegen Krankheiten und eine Erhöhung der Lebenserwartung nachgesagt. Neben ihren Zielen unterscheiden sich die Vegetarier auch in ihrer Lebensmittelakzeptanz.

Ovo-Lacto-Vegetarier: Verzicht auf Fleisch, Fleischprodukte und Fisch.

Lacto-Vegetarier: Verzicht auf Fleisch, Fleischprodukte, Fisch und Eier.

Veganer: Verzicht auf Fleisch, Fleischprodukte, Fisch, Eier, Milch, Milchprodukte und Honig.

Verdauung ist der Abbau der Lebensmittel und Getränke in kleine Bestandteile mit Hilfe von Verdauungsenzymen und anderen Sekreten des Magen-Darm-Traktes. Diese Bestandteile können zerkleinert vom Körper aufgenommen und verwertet werden.

Verweildauer: Ein wichtiger Faktor, der über die Verwendbarkeit von Nahrungsmitteln im Sport entscheidet, ist die Verweildauer im Magen. Die Speisen werden nach Aufnahme über den Mund im Magen gespeichert und zum Teil zerkleinert, bis sie portionsweise in den Zwölffingerdarm weitergegeben werden. Dort findet die weitere Aufspaltung des Speisebreis in kleine Teilchen statt, die anschließend im weiteren Verlauf des Dünndarms in den Organismus aufgenommen (resorbiert) werden können.

Bei diesen Verdauungsschritten wirkt sich die Magenverweilzeit deutlich geschwindigkeitsbestimmend

Weniger als 1 Stunde:
1 Glas Mineralwasser
1 – 2 Tassen Tee mit Honig
1 Glas Fruchtsaft-Schorle (3:1)

Bis zu 2 Stunden
1 Portion Müsli-Joghurt
1 Portion Gemüse (zum Beispiel Blumenkohl, Brokkoli)
1 Portion Kochfisch
1 Scheibe Brot mit fettarmem Belag
1 Stück Trockenkuchen

bis zu 3 Stunden
1 Scheibe Vollkornbrot mit dünnem Belag
1 Portion Müsli mit Obst und Joghurt
1 Portion Haferflocken
1 Portion Wurzelgemüse
1 – 2 Äpfel

Tab. 36: Verweilzeiten ausgewählter Sport-Snacks und Sportgetränke im Magen.

aus; das heißt sie bestimmt, wie lange es dauert, bis die in den Nahrungsmitteln enthaltenen Nährstoffe dem Körper zur Verfügung stehen.

Vitamine sind lebenswichtige Nährstoffe, die für zahlreiche Funktionen des Körpers unentbehrlich sind. Der Mensch ist auf die Zufuhr von Vitaminen mit der Nahrung angewiesen, da er sie nicht selbst herstellen kann. Man unterscheidet fettlösliche (Vitamine A, D, E, K), die im Körper, vorwiegend in der Leber, gespeichert werden können, und wasserlösliche (B_1, B_2, B_6, B_{12}, C, Niacin, Biotin, Folsäure), die mit Ausnahme des Vitamin B_{12} nicht in größeren Mengen im Körpergewebe gespeichert werden können.

Vitaminpräparate werden besonders von sportlich aktiven Personen benutzt, da diese mehr Vitamine benötigen. Der Mehrbedarf ist allerdings gering und kann leicht über eine bewußte Ernährung mit Getreideprodukten wie Weizen oder Reis, Obst, Gemüse oder Milchprodukten gedeckt werden. Vitamingaben über den eigentlichen Bedarf hinaus führen zu keiner Leistungssteigerung.

Rezepte

Jedes Rezept ist mit Angaben über die Nährwerte versehen. Ein Getränk wird als reich an den Vitaminen A, B_1, B_2, E und reich an den Mineralstoffen Kalium, Calcium und Eisen bezeichnet, wenn es 7,5 % der von der DGE (Deutsche Gesellschaft für Ernährung) empfohlenen Tagesmenge für einen Erwachsenen enthält, und als natrium-, magnesium- und jodreich, wenn es 5 % der empfohlenen Menge beinhaltet. Bei Vitamin D sind es 10 %, bei Vitamin C 25 % und bei Niacin (ein Vitamin, das vom Körper wie das Vitamin B_2 im Prozeß der Energiegewinnung benötigt wird) etwa 20 % der empfohlenen Menge.

Bei Getränken mit Mineralwasser ist der Mineralstoff- und Spurenelementgehalt stark vom verwendeten Mineralwasser abhängig. Bei der Rezeptentwicklung wurde ein jodreiches Mineralwasser mit viel Hydrogencarbonat verwendet.

Die in den Rezepten verwendeten Säfte können Sie entweder aus der Flasche erhalten, oder Sie pressen sie frisch. Wieviel Obst oder Gemüse Sie für 100 ml Saft benötigen, finden Sie in folgender Tabelle:

Obst	Gramm	Stück (ca.)
Ananas	150	¼
Äpfel	150	2
Birnen	150	2
Gurken	150	½
Karotten	180	4 – 5
Kiwis	150	3
Mandarinen	150	3
Mangos	150	2
Orangen	150	1 – 2
Paprika	150	1 – 2
Pflaumen	150	12
Rotkohl	150	1
Sellerie	150	1
Tomaten	150	2 – 3

Abkürzungen hinter den Rezepten:

KH = Kohlenhydrate
EW = Eiweiß
kcal = Kilokalorie
KJ = Kilojoule
Ca = Calcium
K = Kalium
P = Phosphor
Mg = Magnesium
J = Jod
Na = Natrium
Fe = Eisen

Getränke aus Milch, Buttermilch, Kefir und Molke

Kämpfer

100 g Salatgurke
200 ml Buttermilch
1 TL Obstessig
1 Prise Jodsalz
1 Bund Kräuter

Salatgurke, Buttermilch, Obstessig, Jodsalz und Kräuter gemischt mit zwei Eiswürfeln im Mixer aufschlagen. In ein Glas füllen und mit Schnittlauch bestreuen.

kcal: 90 **kJ:** 376 **KH:** 8 g **EW:** 10 g **Fett:** 2 g
Mineralstoffe: K, P, Ca, Mg **Vitamine:** A, B_1

Jubelsaft

150 ml Tomatensaft
100 ml Buttermilch
1 EL Magerquark
1 EL Sanddorn
3 Spritzer Zitronensaft
Pfeffer

Tomatensaft, Buttermilch, Magerquark, Sanddorn und Zitronensaft im Mixer mit zwei Eiswürfeln mixen. In ein Glas geben und mit etwas Pfeffer bestreuen.

kcal: 84 **kJ:** 351 **KH:** 10 g **EW:** 8,0 g **Fett:** 1,2 g
Mineralstoffe: K, Ca, Mg **Vitamine:** A, B_1, B_2, C, E

Over-Taker

- 1 Birne
- 200 ml Milch
- ½ TL Zitronensaft
- 1 Kugel Vanilleeis
- Schokoladenstreusel

Die Birne schälen und entkernen, mit Milch und Zitronensaft im Mixer kräftig durchmischen. Die Kugel Vanilleeis mit den Schokostreuseln in ein Glas geben, den Milchmix darübergießen und mit Strohhalm servieren.

kcal: 276	**kJ:** 1154	**KH:** 33 g	**EW:** 9 g	**Fett:** 12 g
Mineralstoffe: Na, K, Ca, P, Mg			**Vitamine:** A, B_1, B_2	

Ananasbolika

- 100 g frische Ananas
- 2 EL Birnendicksaft
- 1 EL honigsüße Hefeflocken
- 1 TL Zitronensaft
- 200 ml Buttermilch
- Ananasspalten

Die Ananas, den Birnendicksaft, die honigsüßen Hefeflocken und den Zitronensaft im Mixer pürieren, dann die Buttermilch unterquirlen. In vorgekühlte Gläser geben und mit Ananasspalten garnieren.

kcal: 138	**kJ:** 577	**KH:** 22 g	**EW:** 8 g	**Fett:** 2 g
Mineralstoffe: K, Ca, P, Mg	**Vitamine:** B_1, B_2			

Warm-Up-Drink

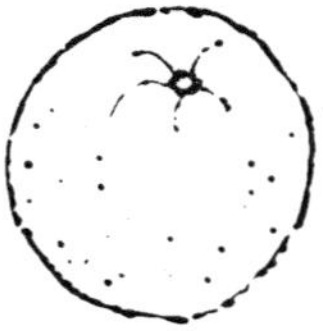

3 EL honigsüße Hefeflocken
100 ml Karottensaft
100 ml Orangensaft
100 ml Joghurt

Honigsüße Hefeflocken, Karottensaft und Orangensaft im Mixer verrühren. Joghurt dazugeben und sofort servieren.

kcal: 114 **kJ:** 478 **KH:** 21 g **EW:** 7 g **Fett:** 0 g
Mineralstoffe: K, Fe, Ca, Mg **Vitamine:** A, B_1, C

Raketen-Mix

100 ml Sauerkrautsaft
100 ml Rote Bete-Saft
2 EL Birnendicksaft
ca. 100 ml Buttermilch

Sauerkrautsaft, Rote Bete-Saft und Birnendicksaft gut durchmixen und mit Buttermilch auf 300 ml auffüllen.

kcal: 123 **kJ:** 515 **KH:** 21 g **EW:** 6 g **Fett:** 1 g
Mineralstoffe: Ca, K, Na, Mg, Fe **Vitamine:** C

Dancing

- eine halbe Banane
- 2 EL Milchzucker
- 100 ml Orangensaft
- ca. 200 ml Buttermilch

Banane mit Milchzucker und Orangensaft im Mixer aufschlagen und während des Mixens mit Buttermilch auf 300 ml auffüllen.

kcal: 214 **kJ:** 895 **KH:** 41 g **EW:** 8 g **Fett:** 2 g
Mineralstoffe: K, P, Mg, Ca **Vitamine:** B_1, B_2, C

Finisher

- 100 ml Sauerkrautsaft
- 100 ml Tomatensaft
- Jodsalz
- Pfeffer
- ca. 100 ml Kefir
- Staudensellerie

Sauerkraut- und Tomatensaft mixen und mit Jodsalz und Pfeffer abschmecken. Mit Kefir auf 300 ml auffüllen und mit Staudensellerie garnieren.

kcal: 124 **kJ:** 518 **KH:** 17 g **EW:** 5 g **Fett:** 4 g
Mineralstoffe: J, Ca, K, P, Mg, Na, Fe **Vitamine:** A, E, B_1, B_2, C

Relaxer

100 ml Tomatensaft
1 TL Meerrettich
Jodsalz
Pfeffer
1 Spritzer Tabasco
ca. 200 ml Kefir

Tomatensaft mit Meerrettich, Jodsalz, Pfeffer und Tabasco im Mixer gut pürieren. Mit Kefir auf 300 ml auffüllen und gut gekühlt sofort servieren.

kcal: 148	**kJ:** 620	**KH:** 13 g	**EW:** 7 g	**Fett:** 7 g
Mineralstoffe: J, K		**Vitamine:** A, C		

Mover

200 ml blauer Traubensaft
1 Kugel Vanilleeis
2 EL honigsüße Hefeflocken
1 EL Milchzucker
ca. 100 ml Joghurt

Traubensaft, Vanilleeis, honigsüße Hefeflocken und Milchzucker im Mixer aufschlagen und mit Joghurt auf 300 ml auffüllen.

kcal: 297	**kJ:** 1243	**KH:** 62 g	**EW:** 6 g	**Fett:** 4 g
Mineralstoffe: K, Fe, Ca, Mg		**Vitamine:** B_1, C		

Getränke mit Mineralwasser gemischt

Fairness

100 ml Karottensaft
100 ml Orangensaft
1 EL Birnendicksaft
1 TL Zitronensaft
etwas frisch geriebener Ingwer
100 ml Mineralwasser
gehackte Minze

Karottensaft, Orangensaft, Birnendicksaft, Zitronensaft und Ingwer im Mixer aufschlagen. In ein Glas geben und mit Mineralwasser auffüllen. Mit gehackter Minze garnieren.

kcal: 88	**kJ:** 368	**KH:** 20 g	**EW:** 2 g	**Fett:** 0 g
Mineralstoffe: K, Ca, Mg		**Vitamine:** A, B_1, C		

Endlauf-Mischung

50 ml Sauerkrautsaft
150 ml Tomatensaft
Jodsalz
Pfeffer
100 ml Mineralwasser

Sauerkrautsaft mit Tomatensaft gut vermischen, mit Salz und Pfeffer abschmecken und mit Mineralwasser auffüllen.

kcal: 98	**kJ:** 201	**KH:** 10 g	**EW:** 2 g	**Fett:** 0 g
Mineralstoffe: K, J, Ca, Mg		**Vitamine:** A, C, E		

Starter

50 ml Sauerkrautsaft
50 ml Karottensaft
100 ml Orangensaft
2 EL Birnendicksaft
100 ml Mineralwasser

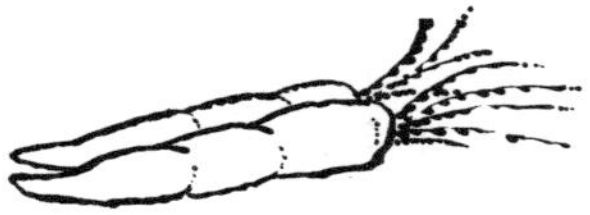

Sauerkraut-, Karotten- und Orangensaft mit Birnendicksaft im Mixer aufschlagen. Anschließend mit Mineralwasser auffüllen.

kcal: 88	**kJ:** 368	**KH:** 20 g	**EW:** 2 g	**Fett:** 0 g
Mineralstoffe: K, Ca, Mg		**Vitamine:** A, B_1, C		

Pflicht

100 ml Kirschsaft
½ Banane
1 El Birnendicksaft
100 ml Apfelsaft
ca. 100 ml Mineralwasser

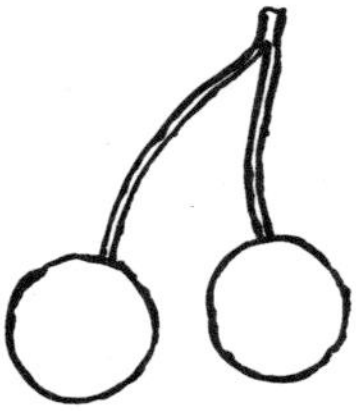

Kirschsaft, Banane, Birnendicksaft und Apfelsaft gut durchmixen. Mit Mineralwasser auffüllen und sofort servieren.

kcal: 184	**kJ:** 752	**KH:** 45 g	**EW:** 1 g	**Fett:** 0 g
Mineralstoffe: K, Mg, Ca		**Vitamine:** C		

Kür

2 EL honigsüße Hefeflocken
100 ml Orangensaft
100 ml Buttermilch
ca. 100 ml Mineralwaser

Honigsüße Hefeflocken, Orangensaft und Buttermilch im Mixer verrühren und mit Mineralwasser auf 300 ml auffüllen.

kcal: 83	**kJ:** 348	**KH:** 14 g	**EW:** 5 g	**Fett:** 1 g
Mineralstoffe: K, Ca, Mg,		**Vitamine:** B_1, B_2, C		

Ziel-Trunk

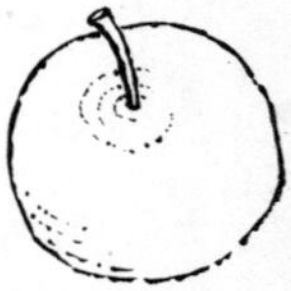

100 g frische Erdbeeren
100 ml Apfelsaft
2 EL Honig
ca. 100 ml Mineralwasser

Erdbeeren, Apfelsaft und Honig im Mixer pürieren und mit Mineralwasser auf 300 ml auffüllen. Sofort kalt servieren.

kcal: 142	**kJ:** 594	**KH:** 34 g	**EW:** 1 g	**Fett:** 0 g
Mineralstoffe: Ca, Mg		**Vitamine:** C		

Pausentrank

- 1 Bund frische Zitronenmelisse
- 200 ml heißes jodreiches Mineralwasser
- 1 TL Zitronensaft
- 1 EL Honig
- 100 ml Mineralwasser

Die Zitronenmelisse mit heißem Mineralwasser überbrühen und erkalten lassen. Einen Teil zum Garnieren aufbewahren. Zitronensaft und Honig hinzugeben und mit Mineralwasser auf 300 ml auffüllen. Mit frischer Zitronenmelisse garniert servieren.

kcal: 100	**kJ:** 418	**KH:** 22 g	**EW:** 3 g	**Fett:** 0 g
Mineralstoffe: Ca, Mg		**Vitamine:** C		

Cool-Down-Drink

- 1 Bund Petersilie
- 300 ml Mineralwasser
- Jodsalz
- Pfeffer
- Obstessig
- Staudensellerie

Petersilie mit Mineralwasser im Mixer gut durchmixen und den Saft durch ein Sieb geben. Mit Salz, Pfeffer und Obstessig abschmecken. Als Garnitur Staudensellerie verwenden.

kcal: 16	**kJ:** 67	**KH:** 3 g	**EW:** 1 g	**Fett:** 0 g
Mineralstoffe: Ca, Mg			**Vitamine:** C	

Catch-up-Mix

200 ml Gemüsesaft
1 TL Olivenöl
1 TL feingehacktes Basilikum
1 Messerspitze Knoblauchpaste
Jodsalz
Pfeffer
Zitrone
100 ml Mineralwasser

Gemüsesaft, Olivenöl, Basilikum, Jodsalz, Pfeffer, Knoblauchpaste und Zitrone gut aufschlagen und mit Mineralwasser auffüllen.

kcal: 146 **kJ:** 610 **KH:** 12 g **EW:** 2 g **Fett:** 10 g
Mineralstoffe: J, K, Ca, Mg **Vitamine:** E, C

Winner

5 Mandarinen
½ TL abgeriebene Schale
einer unbehandelten Mandarine
2 EL Birnendicksaft
200 ml Mineralwasser
Eiswürfel

Mandarinen schälen und mit der abgeriebene Mandarinenschale, dem Birnendicksaft und Mineralwasser im Mixer gut durchmischen. Auf Eis servieren.

kcal: 74 **kJ:** 310 **KH:** 18 g **EW:** 1 g **Fett:** 0 g
Mineralstoffe: K, Ca, Mg **Vitamine:** A, B_1 ,C

Speed-up

100 ml Saft von Rotkohl
100 ml Saft von Äpfeln
100 ml Mineralwasser
1 EL Honig
Jodsalz
Zimt

Alle Zutaten im Mixer aufschlagen.

kcal: 128 **kJ:** 537 **KH:** 32 g **EW:** 1 g **Fett:** 0 g
Mineralstoffe: K, P, Mg, Ca **Vitamine:** C

Stretching

Saft von einer kleinen Roten Bete
200 ml Orangensaft (150 g geschälte Orangen)
100 ml Mineralwasser
1 TL Honig

Die Säfte und den Honig verrühren und mit Mineralwasser auf 300 ml auffüllen.

kcal: 109 **kJ:** 455 **KH:** 23 g **EW:** 3 g **Fett:** 0 g
Mineralstoffe: Ca, K, P, Mg **Vitamine:** A, C, E

Ziellinie

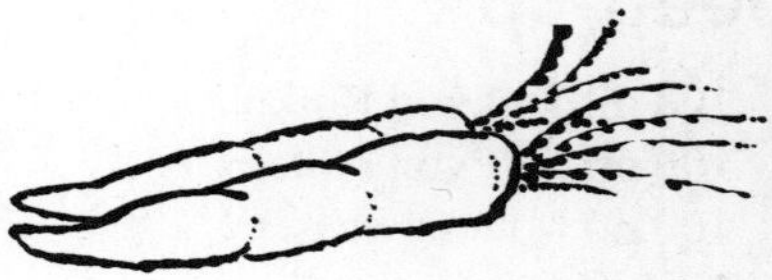

100 ml Saft von Staudensellerie
100 ml Karottensaft
100 ml Mineralwasser
Jodsalz
Pfeffer

Die Säfte mischen und mit Jodsalz und Pfeffer abschmecken. Mit Mineralwasser auf 300 ml auffüllen und mit einem Staudensellerie dekoriert und gut gekühlt servieren.

kcal: 55	**kJ:** 230	**KH:** 11 g	**EW:** 2 g	**Fett:** 0 g
Mineralstoffe: Ca, K, Mg		**Vitamine:** A, E		

Champion

200 ml Saft von Pflaumen
100 ml Mineralwasser
1 EL Honig
Zimt

Den Saft und den Honig vermischen und mit dem Mineralwasser auf 300 ml auffüllen. Mit Zimt bestäuben und sofort servieren.

kcal: 201	**kJ:** 844	**KH:** 51 g	**EW:** 1 g	**Fett:** 0 g
Mineralstoffe: K, P, Mg, Ca		**Vitamine:** B_1, E		

Jumper

100 ml Saft von Birnen
100 ml Saft von Äpfeln
100 ml Mineralwasser
1 El Milchzucker

Die Säfte verrühren, den Milchzucker unterrühren und mit dem Mineralwasser auf 300 ml auffüllen.

kcal: 101 **kJ:** 423 **KH:** 25 g **EW:** 1 g **Fett:** 0 g
Mineralstoffe: K, Ca, Mg **Vitamine:** C, E

Tip: Auch bei Mixgetränken sollten Mineralwässer mit einem Calcium-Magnesium-Verhältnis von 2:1 bevorzugt werden.

Getränke aus Saft pur

Road-runner

100 ml Paprikasaft
100 ml Gurkensaft
100 ml Tomatensaft
Jodsalz
Pfeffer
Tabasco

Die Säfte vermischen und anschließend mit Jodsalz, Pfeffer und Tabasco abschmecken.

kcal: 49 **kJ:** 205 **KH:** 9 g **EW:** 2 g **Fett:** 0 g
Mineralstoffe: K, J, P, Mg, Fe **Vitamine:** A, C, E

Treffer

100 ml Saft von Kiwis
100 ml Saft von Äpfeln
1 Banane
1 El Milchzucker
Ingwer
Eiswürfel

Die Säfte und die Banane im Mixer aufschlagen. Milchzucker und Ingwer dazugeben und sofort auf Eis servieren.

kcal: 194 **kJ:** 810 **KH:** 46 g **EW:** 2 g **Fett:** 0 g
Mineralstoffe: K, Mg, P **Vitamine:** B_1, C

Gipfelstürmer

200 ml Saft von Mandarinen
2 Bananen
1 TL Cassis alkoholfrei

Den Saft und die Bananen im Mixer aufmixen. Den Cassis in ein Glas geben und das Getränk über einen Löffelrücken vorsichtig hinzugeben.

kcal: 249 **kJ:** 1041 **KH:** 61 g **EW:** 3 g **Fett:** 0 g
Mineralstoffe: K, Mg, P, Fe **Vitamine:** A, B_1, B_2, C

Anpfiff

100 ml Saft von Mangos
100 ml Saft von Ananas
1 EL Kokosmilch
Eiswürfel

Die Säfte verrühren. Die Kokosmilch in ein Glas geben und den Saft auf Eis darüberschütten. Mit einem Fruchtspieß garniert servieren.

kcal: 74 **kJ:** 310 **KH:** 18 g **EW:** 1 g **Fett:** 0 g
Mineralstoffe: K, Mg **Vitamine:** A, C

Über die Autoren

Dr. med. Johannes M. Peil, 1954 geboren, begann 1974 sein Jurastudium in Freiburg, das er 1975 an der Justus-Liebig-Universität in Gießen fortführte. 1979 nahm er Humanmedizin als Zweitstudium auf und schloß im gleichen Jahr sein Jurastudium mit dem Staatsexamen ab. Nach seinem medizinischen Staatsexamen nahm er 1986 eine Stelle als Assistenzarzt in der chirurgischen Abteilung des Städtischen Krankenhauses Bad Nauheim an. 1987 erlangte er die Zusatzbezeichnung Sportmedizin und wechselte als Assistenzarzt an das Zentrum für Orthopädie und Physikalische Medizin der Justus-Liebig-Universität in Gießen. Hier promovierte er 1988 zum Dr. med. Nach seinem Facharztexamen in Orthopädie wurde er leitender Arzt der Sportklinik Bad Nauheim. Neben dem Vorsitz im Institut für Sporternährung e.V. wurde er im Juli 1992 zum Präsidenten des Zentralverbandes ambulanter Therapieeinrichtungen e.V. (ZAT) gewählt.

Günter Wagner, geboren 1956, studierte an der Justus-Liebig-Universität Gießen Oecotrophologie und ist als Ernährungswissenschaftler Mitglied des Vorstandes des Instituts für Sporternährung e.V., Bad Nauheim. Er berät seit mehreren Jahren Leistungs- und Freizeitsportler. Mitarbeiter am Olympia-Stützpunkt Frankfurt-Rhein-Main. Er ist Autor zahlreicher Veröffentlichungen in Fach- und Publikumszeitschriften. Im Kuratorium Thera-Fit e.V. für ganzheitliche Prävention ist er Vorstandsmitglied und insbesondere zuständig für den Bereich Thera-Genuß (Essen und Trinken). Seit 1995 Mitglied des wissenschaftlichen Beirats der Gesellschaft für Gehirntraining e.V. (GfG), Ebersberg. Er ist Mitautor des Buchs „Essen, Trinken, Gewinnen“ (pala-verlag, 1995).

Uwe Schröder, Jahrgang 1965, studierte Oecotrophologie, Sport- und Erziehungswissenschaften an der Justus-Liebig-Universität Gießen mit einem Auslandsaufenthalt an der Rijksuniversiteit Limburg, Maastricht/Niederlande, Abteilung Sporternährung, wo er seine Diplomarbeit anfertigte. Er ist Ernährungswissenschaftler am Institut für Sporternährung e.V., Bad Nauheim, Schwerpunkt Forschung und Wissenschaft. Seit Sommer '96 ist er Lehrbeauftragter für „Sporternährung“ an der Fachhochschule Fulda, Fachbereich Ernährungswissenschaft. Zudem leitet er die Ernährungsberatung bei Freizeit- und Leistungssportlern und bei Patienten der Sportklinik Bad Nauheim. Er ist aktiver Tennisspieler mit Trainerlizenz und Langstreckenläufer.

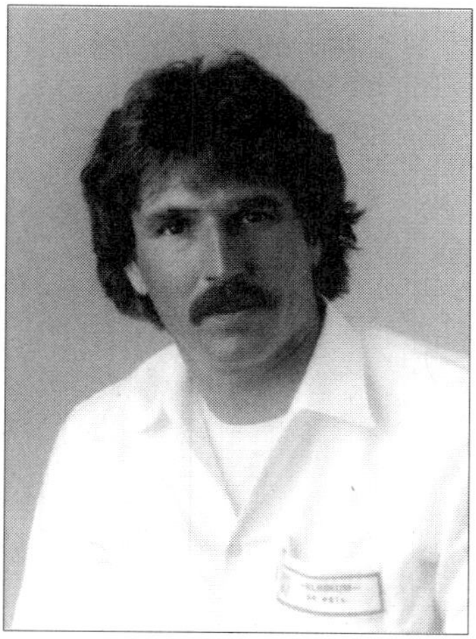

Dr. med. Johannes M. Peil
Facharzt für Orthopädie, Sportmedizin, Leitender Arzt der Sportklinik Bad Nauheim

Günter Wagner
Dipl. Oecotrophologe
Vorstandsmitglied im Institut für Sporternährung e.V.

Uwe Schröder
Dipl. Oecotrophologe
Institut für Sporternährung e.V.

Index

Leistung geht durch den Magen

Gesundheit ist eine wesentliche Voraussetzung für Höchstleistungen. Basis für Gesundheit und damit auch für sportliche Leistungen ist eine vollwertige Ernährung. Diese Erkenntnis haben viele Top-Athleten realisiert und sind so zu besseren Leistungen gekommen.
„Essen – Trinken – Gewinnen" gibt all denen, die im Sport tätig sind, ob als Aktive im Breiten- oder Spitzensport oder als Trainer, Übungsleiter oder Betreuer, praxisrelevante Hilfestellungen.
Es veranschaulicht, welche physiologischen Zusammenhänge zwischen Ernährung, Leistung und Wohlbefinden bestehen.
Der Rezeptteil von Gerd Schupp zeigt die praktische Umsetzung dieses erfolgreichen Ernährungskonzepts.
Für alle Sportler – für alle Sportarten!

Günter Wagner/Gerhard Schupp:

Essen – Trinken – Gewinnen

Handbuch für eine vollwertige Sporternährung
160 Seiten, ISBN: 3-923176-75-9

Andere Bücher aus dem pala-verlag

Irmela Erckenbrecht:
Querbeet – Vegetarisch kochen rund ums Gartenjahr
ISBN: 3-89566-114-7

Irmela Erckenbrecht:
Zucchini
ISBN: 3-89566-121-x

Rolf Goetz: **Vegetarisch kochen rund ums Mittelmeer**
ISBN: 3-89566-128-7

Wolfgang Hertling:
Kochen mit Hirse
ISBN: 3-89566-130-9

pala-verlag • Rheinstr. 37 • 64283 Darmstadt